L'astuce de Crésus

La fonction cachée de la monnaie

Mathieu Despont

L'astuce de Crésus

Livre premier : Pile

6000 ans d'histoire de la monnaie

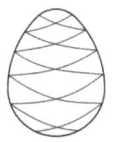

Les photos proviennent de Wikipedia, les références exactes sont indiquées
dans la version web de ce livre accessible à cette adresse :
https://martouf.ch/2020/04/dossier-histoire-de-la-monnaie-et-des-systemes-economiques/

Pour en savoir plus sur l'auteur : **martouf.ch**

Édition : BoD · Books on Demand, 31 avenue Saint-Rémy, 57600 Forbach, bod@bod.fr
Impression : Libri Plureos GmbH, Friedensallee 273, 22 763 Hamburg (Allemagne)

Impression à la demande
ISBN : 978-2-3225-9549-5.
Dépôt légal : Mai 2025

L'impression de savoir est le pire obstacle à la connaissance...

Intention

Bienvenue dans un voyage au travers de 6000 ans d'histoire de l'humanité.

Nous allons survoler ici les différents systèmes économiques que les humains ont utilisés pour faire société. La monnaie n'étant qu'un système économique parmi d'autres. On y reviendra.

Le but n'est pas d'être exhaustif sur les systèmes utilisés à une époque ou une autre. Mais plutôt de **faire émerger les points saillants, les grandes tendances, les paramètres récurrents et leurs conséquences.**

Ainsi nous pourrons observer la dynamique des systèmes économiques au travers de l'Histoire, pour pouvoir en tirer des leçons.

L'essentiel est de mettre de la conscience dans ce grand impensé qu'est le domaine de la monnaie.

Beaucoup veulent changer le monde, agir. Mais comment agir, si l'on ne sait même pas ce qu'est et comment se crée la monnaie et les systèmes économiques ?

J'espère pouvoir t'aider à **faire des choix conscients.**

⊙

6000 ans d'histoire de la monnaie en 3 minutes

Voici le résumé pour décideur pressé, un peu comme dans les publications scientifiques. C'est pratique pour gagner du temps. Mais qu'est-ce qui garantit que le contenu développé dit la même chose ? Comment avoir **confiance ?**

Ça me semble un bon résumé du résumé !

Donc *il était une fois…* une famille d'homo sapiens. Le nouveau-né ne sachant rien faire. Il accapare les ressources de ses parents. Ce qui nécessite l'aide d'une communauté pour survivre. Qui dit *communauté,* dit règles de vie en communauté. Des *règles de la maisonnée* soit *éco-nomie* en grec.

Les humains vivant en petites communautés s'organisent naturellement dans un système économique que j'appelle : le **don dans une communauté de confiance**.

Chacun donne à sa communauté quand il a des ressources et reçoit des ressources des autres membres de sa communauté.

Quand la taille de la communauté augmente, les humains s'organisent en états agraires sous forme de **maisonnées** (**Oikos** *en grec*), notamment à Sumer et en Égypte.

L'écriture y est inventée comme moyen de comptabilité pour le contrôle et la distribution de la production. Cette écriture permet de créer de la «monnaie scripturale» soit des reconnaissances de dettes entre individus. On y retrouve déjà le prêt à intérêt, parfois l'esclavage pour dette et la notion de **«jubilé»**, **l'annulation de toutes les dettes.**

Ces états agraires utilisent des **unités de comptes** sous forme de métaux, d'étoffes, de **céréales** — *aussi de bière, et de pains* — et des huiles, reliées par un barème. Les **moyens de paiement sont divers et variés.**

Le grand chamboulement est **l'arrivée des pièces de monnaie qui permet à une élite de vivre sur le dos des autres en imposant son jeton par l'impôt.** Ce système a plusieurs **effets secondaires** : la création de l'**économie de marché**, l'amélioration perpétuelle de la technique au service de la guerre, la **course à la croissance** et l'**expansionnisme** jusqu'à créer de grands empires.

Après l'effondrement de ces derniers, comme l'Empire romain, on retrouve un système économique basé sur des unités des comptes — *anciennes monnaies romaines* — et des moyens de paiement variés. Le **bâton de comptage** est également un système très utilisé pour enregistrer des dettes. Il est très méconnu de nos jours et pourtant officiel jusqu'en 2016 en France !

Au Moyen Âge se développe la finance. **Venise invente les bons du Trésor** pour **financer à l'avance** des conquêtes et des colonisations. Les exemples des croisades et de la conquête des Amériques nous montrent que **la dette à plusieurs niveaux est un puissant moteur de mise en esclavage** de peuples entiers.

L'arrivée du protestantisme va permettre d'autoriser le développement du système bancaire. C'est la naissance des **banques centrales.** Des banques généralement créées par un accord issu d'une **relation de dette entre des monarques et des marchands**. Au fil du temps, ces organismes obtiennent le monopole d'émission de billet de banque.

Puis c'est **la révolution industrielle** qui voit se développer une nouvelle forme de banque, la **banque commerciale qui fait des crédits**. Ce genre de banque est **nécessaire pour développer l'industrie lourde** comme le chemin de fer par exemple.

De nos jours, à **l'ère de l'information**, ce sont les **crypto-monnaies** qui commencent à émerger. Ça parait neuf, car le média est récent, mais le code monétaire est très semblable à ce qui se faisait déjà 2700 ans plus tôt, mais dans un contexte différent.

Au passage, nous observerons différentes expériences de codes monétaires différents, le *crédit mutuel*, la *monnaie fondante*, le *chartalisme*, les *Monnaies Locales Complémentaires*, les monnaies de guerre utiles pour gagner une révolution, mais catastrophiques sur le long terme.

Alors c'est parti pour la version longue ?

Contrat d'achat d'une maison à Shuruppak vers 2600 av. J.-C.

Glossaire autour de la "monnaie"

Les mots sont **des boutons pour accéder à des idées.** Mais parfois, le câblage entre le bouton et l'idée change d'une personne à une autre !

Pour être au clair sur le vocabulaire utilisé ici, j'ai écrit un glossaire sur les termes liés à la monnaie. Le glossaire complet est disponible à la fin de ce livre. Ainsi le jargon autour de la monnaie n'aura plus de secrets pour toi…

Mais avant que tu fouilles le glossaire, voici déjà les notions importantes qui nous permettront de bien démarrer.

Un crédit n'est pas un prêt !

Malgré cette confusion courante, **un *prêt* n'est pas pareil qu'un *crédit*.**

Si je prête mon vélo, je ne peux plus l'utiliser, je suis à pied. Alors que **le crédit est une création monétaire.** À partir d'un contrat, je crée de la monnaie et une reconnaissance de dette qui a aussi de la valeur, et peux même devenir une monnaie. On a là deux situations très différentes, trop souvent confondues.

Donc il est important d'utiliser les mots justes pour bien se comprendre.

Système économique

D'une manière générale, dès qu'on évoque le sujet qui nous intéresse ici, on parle de "monnaie". Mais plus j'ai avancé dans mes recherches historiques, plus il m'est apparu que **la *monnaie* n'est qu'un cas particulier de ce que j'ai appelé un *système économique*.**

Notre conception mentale de la monnaie perçoit un objet physique. Le langage abstrait s'appuie souvent sur des objets physiques pour rendre concret l'abstrait et c'est là qu'est le danger de confusion. J'opère donc une clarification.

Une monnaie est dans l'imaginaire collectif un jeton qui porte de la valeur. C'est un pouvoir d'achat. Selon les périodes, ce jeton porte sa valeur intrinsèquement ou alors c'est un symbole d'une valeur de réserve déposée ailleurs.

Si j'ai des jetons en poche, j'ai un pouvoir d'achat. Si ma poche est vide, j'en ai plus.

C'est là qu'on voit que **cette idée de jeton a une limite.**

Il est possible de faire sauter cette limite, d'obtenir un pouvoir d'achat, même si je n'ai plus de jetons, si j'ai la poche vide.

On entre là dans le domaine de la dette.

On peut me faire crédit d'un potentiel de pouvoir d'achat à rembourser plus tard. Là, on sort des notions concrètes matérielles pour entrer dans un niveau d'abstraction supplémentaire. C'est là que **la notion de *système économique* est nécessaire.**

J'appelle un système économique, un ensemble de règles qui permet à des humains d'avoir accès à des ressources.

Pour bien comprendre, on a besoin de revenir à la définition de l'économie.

Éco-nomie = règles de la maison(née)

Le préfixe ***éco*** est le même que celui dans *éco-logie*. Il vient du grec οἶκος, ***oîkos*** qui signifie ***maison***, *maisonnée*, *environnement*.

Le suffixe *-**nomie*** vient du grec νόμος, nómos qui signifie ***la loi***, *la règle*.

Un système économique c'est donc *les règles de la maison(née)*. C'est un système de *gouvernance*, **un système de décision.**

Dans la Grèce antique, un ***Oikos*** est une *maisonnée*, un ensemble de biens et d'humains – *esclaves compris* – rattachés à un lieu d'habitation et de production et dirigé par un chef de famille.

En 362 avant J.-C, l'auteur grec Xénophon publie son livre L'***Économique*** « L'art et la manière de bien gérer un grand domaine agricole » (*15 000 hectares*)

On retrouve ce genre d'unité de base de la production et gestion de ressources à toutes les époques. Les Sumériens ont les *É*, les Minoens, le palais de Cnossos, les Grecs, les *Oikos*, les Romains, la *domus*, puis les abbayes du Moyen Âge prennent le relai.

Voilà, c'étaient des notions importantes à comprendre pour lire et comprendre la suite. C'était une mise en bouche pour aller lire le glossaire en fin de ce livre.

Le jeu de la monnaie

Le *jeu de la monnaie* est **l'outil le plus efficace que je connaisse pour raconter l'histoire de la monnaie** et des systèmes économiques. C'est 6000 ans d'histoire en 2 h 30.

Le jeu de la monnaie c'est **une expérience sociale, ludique et pédagogique** qui fait comprendre les systèmes économiques par l'expérience au travers de 4 simulations.

Le jeu de la monnaie, c'est des humains et des ressources symbolisées par des cartes à jouer qui sont «parachutés» dans un cadre donné. Ce cadre, c'est les «règles de la maison(n)ée» ou autrement dit un système économique.

Le jeu de la monnaie c'est un outil d'évaluation de systèmes économiques. Si j'expérimente les règles du troc, ça donne quoi? Ça fonctionne comme système ou c'est une fable?

Si j'introduis une monnaie locale dans le système monétaire actuel à monnaie dette bancaire, ça change quelque chose?

C'est en 2016 qu'on m'a invité à expérimenter ce jeu pour la première fois. J'ai adoré. Depuis j'ai œuvré à faire connaitre ce jeu. J'ai amélioré le concept, sa jouabilité, la communication pour le faire connaitre, j'ai créé un kit pour aider les gens à l'animer. Et j'ai moi-même animé plus d'une cinquantaine de parties avec près d'un millier de personnes qui ont pu expérimenter dans leur chair les effets d'un système économique ou d'un autre.

Quel est le système qui favorise l'émergence, du vol, de la mendicité, des braquages, de l'accaparement des ressources, du stress, de la prostitution et la création de grands trusts ?

Je te laisse deviner. Ce n'est qu'un seul des quatre systèmes économiques expérimentés durant le jeu de la monnaie.

Afin de faire le lien entre le jeu et la vie réelle. Je me suis plongé dans l'histoire de la monnaie et des systèmes économiques.

C'est passionnant. Ainsi à chaque partie du jeu de la monnaie, la partie théorique s'est allongée au point de se transformer en vulgaire conférence.

Ainsi, j'ai décidé de préserver le jeu de la monnaie. Le but c'est de jouer. Sa particularité, c'est l'expérience. Donc j'ai réduit la théorie à sa plus simple expression. Et le reste, le voici dans ce livre.

Pour en savoir plus : jeu-de-la-monnaie.org

Les deux facettes de la monnaie

Les pièces de monnaie ont un côté pile et un côté face. Le côté pile, c'est le côté des chiffres, des faits, de ce qui ne se discute pas. Tandis que le côté face représente l'autorité qui émet les pièces, celui qui garantit la valeur de la pièce, celui qui paie en dernier recours la valeur indiquée sur le côté pile.

Dans ce premier livre, nous allons aborder le monde de la monnaie avec rigueur. Nous allons rester factuels, et ne mentionner que des faits. Nous resterons sur le côté « pile » afin d'avoir des bases communes pour discuter ensuite de l'autre facette de la monnaie qui est bien plus polémique.

Ce livre se concentre donc sur une chronologie de l'invention des principaux systèmes économiques connus et des faits marquants de l'histoire de ceux-ci.

Cette **vision globale de la chronologie** sera ensuite complétée dans un second livre par une description plus détaillée des systèmes économiques.

Nous détaillerons **les facteurs dynamiques qui ont fait émerger ou disparaitre l'un ou l'autre des systèmes** à un moment donné.

Cette chronologie marque surtout les inventions de systèmes et apparitions de comportements. Mais rarement leur fin. Car contrairement à une idée répandue, quand on parle de faire une "transition" d'un système à un autre, **l'ancien système disparait rarement, il devient juste moins — *ou plus du tout* — dominant.** Ainsi on ne fait qu'empiler des systèmes les uns sur les autres, on les utilise en parallèle.

Jamais deux sans trois. Les pièces de monnaie ont deux facettes, mais également une tranche !

Ainsi, en plus de la partie *pile,* la partie factuelle et objective, ainsi que la partie *face*, la partie sujette à interprétation et débats, une troisième partie (déjà accessible en ligne, sur papier peut-être un jour ?) de cette œuvre évoque aussi ta relation personnelle à l'argent, tes croyances, et donc quel est le système économique qui est le plus adapté pour toi.

Pile

¤

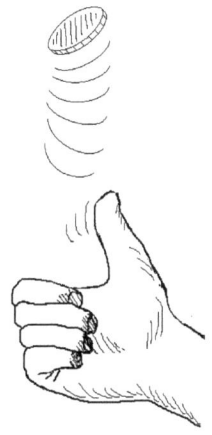

↑ ↑ ↓ ↓ ← → ← → B A

$€£

Chronologie des systèmes économiques

-2,5 millions d'années

Donc nous voilà dans des temps reculés immémoriaux. Il y a 2,5 millions d'années. Les premiers spécimens du genre Homo apparaissent.

On trouve plusieurs espèces d'homo, par exemple, *Homo floresiensis*, *Homo luzonensis*, *Homo denisovensis* et *Homo neanderthalensis*.

- 300 000

Le consensus actuel situe à cette période l'émergence des premiers *Homo sapiens*.

Le petit homo sapiens n'étant absolument pas autonome à la naissance. Les humains sont obligés de s'organiser et vivre en communauté d'individus pour survivre.

Qui dit communauté dit *règles de vie en communauté*.

Les homos sapiens ont des besoins et des envies. Ils sont entourés de ressources. **Comment est-ce que les humains s'organisent pour gérer leurs ressources dans leur communauté ?**

C'est là que commence la chronologie des *systèmes économiques*, soit des *règles de la maison(née)*.

Il y a des milliers d'années... (version anthropologue)

... Tout commence avec le *don dans une communauté de confiance*.

Il semble que c'est le système qui émerge naturellement chez les humains pour organiser leur économie. **On donne aux autres, à la communauté quand on a, et on reçoit des autres de la communauté.** (Quand on est dans le besoin ou pas !)

Ce système est toujours très largement utilisé avec sa famille et ses amis.

Ce qui se cache derrière le mot "don" peut être très différent. Ça peut être du don gratuit, inconditionnel, pour se faire plaisir à soi, tout comme un don calculé pour entretenir un lien de communauté, pour s'assurer de recevoir en cas de besoin.

Chaque personne est différente, chaque situation est différente. Un don peut être fait sur un plan matériel et être équilibré sur un plan immatériel. Il est donc très difficile de généraliser un principe.

Il y a également **un taux d'oubli qui est généralement associé au système économique du don**. Chaque individu garde en mémoire un certain nombre de transferts. Il peut ainsi identifier les abuseurs de la communauté : ceux qui reçoivent de la communauté, mais ne contribuent jamais.

Le taux d'oubli est différent d'un individu à l'autre. Il y a des gens "qui s'en fiche" et vivent dans le moment présent et d'autres qui sont rancunier et gardent longtemps en mémoire les mauvaises expériences vécues.

Ainsi on observe que l'individu, ses croyances, ses valeurs, sa vision du monde vont exercer une grande influence sur ce système économique. Dans la même situation, avec des individus différents, on aura une expérience différente.

Pour représenter l'étendue des possibles on va dessiner un axe de gradation partant de la peur — de manquer — et allant jusqu'à la confiance totale — en la Vie —.

On va placer la réciprocité du "don" sur cet axe avec des délais de retour.

Le **délai de retour est nul**, il est immédiat **quand la confiance est nulle** et que la peur est à son maximum. Là on est dans le troc, dans l'échange simultané immédiat. Je te donne tu me donnes.

À l'opposé on a un **délai de retour infini** quand la personne est dans une **confiance totale dans la Vie**. Elle pratique le don inconditionnel et n'attend rien en retour.

Entre les deux, il y a un énorme champ des possibles. Il y a par exemple le **cadeau**. Je donne, mais en ayant en tête que l'autre va aussi me donner. C'est le cas des cadeaux d'anniversaire et de Noël. On offre un cadeau par ce que l'on sait qu'on en aura aussi. Ou qu'on en aura plus si on ne donne plus rien.

Un autre exemple, c'est de donner quand on a, à ceux qui sont dans le besoin, pour se créer une sorte d'assurance de recevoir de ces gens-là quand on sera soi-même dans le besoin. Cette vision peut être très matérialiste ou se compenser sur un plan spirituel. De nombreuses religions ont instauré l'aumône aux pauvres avec une récompense dans l'au-delà en compensation.

On a l'exemple de la **zakât** (زَكاة) de la religion musulmane. C'est un des piliers de l'Islam. La zakat sur l'argent, *zakât al mâl*, se monte à 2,5 % de ses ressources financières qui dois être redistribuées à 8 catégories de personnes, entre autres, pauvres, indigents, voyageurs, endettés, fonction-naire, etc…

Celui qui est dans la peur du manque aura tendance à faire de la comptabilité, à comptabiliser ce qu'il donne et à le faire enregistrer publiquement pour éviter le risque de se faire passer pour un abuseur et donc de se faire exclure de la communauté. (La sanction la plus courante)

Quand **la communauté grandit et que la confiance dimi-nue**, **on mémorise les transferts**, notamment **par l'écri-ture** ou d'autres moyens comme les encoches sur bâton de comptage ou jeton d'argile, ainsi que des nœuds sur des cordes *les quipu.*

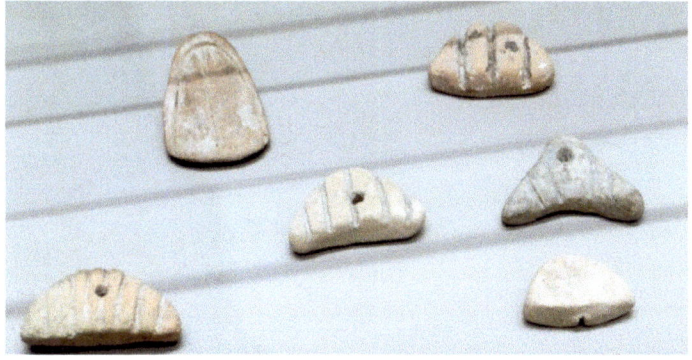

Jetons de comptabilité en terre cuite, Suse, période d'Uruk -4000.

Vers -4100 à -3300 av. J.-C.

Durant la Période d'Uruk en Mésopotamie se développe un **système de comptabilité sophistiqué**. Depuis plusieurs millénaires il existe déjà des *figurines jetons de comptage* et des sceaux simples pour cacheter des récipients.

À cette période l'organisation de la société se complexifie et s'étend. Un nouvel outil de comptabilité est créé, la **bulle enveloppe de *calculi*** scellée par un sceau-cylindre.

Les *calculi* sont des figurines d'argile normalisées symbolisant des quantités de marchandise. L'origine du **mot *calculi*** vient du latin *calculus* qui **signifie *cailloux***.

Ceci illustre la méthode la plus simple pour compter ses moutons : à chaque fois qu'il y en a un qui passe la porte de l'enclos, j'ajoute un caillou dans un petit bol.

J'aurai le même nombre de moutons que de cailloux. En médecine on parle aussi de *calculs rénaux ou calculs biliaires*, des petits cailloux qui se forment dans les reins. On les enlève à la *calculatrice*... 😏

Attention aux calculs mentaux, ça doit faire mal ! 😬

Pour éviter une falsification de la comptabilité, et/ou sécuriser un transport de marchandises, **on enferme les *calculi* dans une enveloppe d'argile cachetée.**

Vers -3300 (ou -3000) : fin de la période Uruk

Les cités-États sumériennes sont organisées selon une **organisation domaniale autour de la** *maisonnée* (*É en sumérien*)

C'est l'équivalent de l'*oikos* grec, ou de la *domus* romaine.

Il y a une **élite sociale qui gouverne des *maisonnées***. Les temples n'ont pas qu'une fonction religieuse comme on se le représente dans notre société où l'on a séparé la vie religieuse et civile, les temples font partie intégrante du système économique. Ce sont aussi des *maisonnées*.

Cette élite **organise une administration de production**, de **stockage** et de **redistribution** de la production vers le reste de la population. L'entier de la population est intégré dans ce système économique. **On peut faire une analogie avec une entreprise actuelle** qui a des employés qui créent de la richesse et reçoivent en échange un salaire.

Le terme *d'économie palatiale* est aussi utilisé en référence au palais de Cnossos au centre du système économique minoen. Le fameux labyrinthe n'était peut-être qu'un entrepôt gigantesque.

Les sumériens se regroupent en clans. On peut les voir comme des familles élargies. Ces clans se regroupent en cités et parfois des cités se regroupent dans ce qu'on a appelé dans le monde grec des *amphictyonies*.

C'est un groupement autour d'une religion commune. Donc souvent autour d'un temple dédié à la même divinité. Chaque clan, à tour de rôle, gère et assume la charge du temple commun.

On voit ici le pouvoir du langage abstrait qui élargit une communauté sur la base d'une vision du monde commune.

Vers -3300

L'écriture sur tablette d'argile apparait à Sumer (Suse) et remplace les calculis pour la comptabilité. On préfère dessiner les *calculi* en 2D que de les façonner en 3D.

On trouve aussi des tablettes d'argile pour la comptabilité chez les Minoens. La tablette n'est pas une exclusivité sumérienne.

Les "employés" sumériens sont **"payés" par des distributions de rations de nourriture**, surtout des rations de céréales ou de céréales transformées en bière.

Voici un document qui dresse une liste de traduction de dizaines de tablettes *shubati*, un mot qui signifie *reçu*. De nombreux responsables administratifs viennent dans les entrepôts des temples chercher des rations pour leur équipe.

Tablette enregistrant l'allocation de bière vers -3100 à Uruk.

Vers -3300 à Abydos en Égypte

On voit apparaitre les premiers hiéroglyphes "chiffre" sur des étiquettes en ivoire servant à des inventaires de stock.

Vers -2900 à Sumer

Le concept de l'enveloppe d'argile utilisée dans les *bulles enveloppe de calculi* est conservé pour sécuriser les tablettes d'argile. Il est ainsi possible de **sécuriser des contrats.** Ce qui ouvre d'énormes possibilités, notamment la **monnaie scripturale.**

Enveloppe d'argile

Il est souvent évoqué dans les médias que les sumériens avaient un *salaire en bière*. Mais il n'est pas certain que le paiement d'un salaire se fasse toujours en nature.

Un "employé" peut très bien recevoir un contrat enveloppe d'argile qui lui permet d'obtenir plus tard d'autres biens équivalents au même montant. Ainsi le grain de céréale devient une unité de compte.

Vers -2500 en Égypte

Un scribe fait un **contrat d'achat pour une maison à Gizeh** pour un prix de 10 **shât**. (Stèle borne JE 42 787)

On sait ainsi qu'il existe une unité de mesure de moyen de paiement. Ces moyens de paiements sont très divers, la maison est payée avec 2 tissus valant chacun 3 *shât* et un lit valant 4 *shât*.

C'est une monnaie scripturale qui peut être payée en nature ou non.

Plus tard le *deben* supplante le *shât* comme unité de poids.

Vers -2500 chez les Sumériens

Il est courant de voir des administrateurs et riches consentir aux paysans en difficultés financières des prêts garantis par un *nantissement*. (Grain, moutons, chèvres, meubles, champs maison, membres de la famille… et emprunteur lui-même)

Ainsi il n'est pas rare de voir de nombreux paysans se retrouver en **esclavage pour dette** chez leur créancier à la suite d'une mauvaise récolte. On appelle l'esclavage pour dette du péonage.

Contrairement à une idée répandue, en Égypte l'esclavage privé n'existait pas !

Probablement par le fait que l'État était propriétaire des moyens de production et employeur principal dans une société très hiérarchisée. On utilise le terme d'*économie palatiale* depuis l'étude du palais de Knossos et du système économique minoen.

L'anthropologue David Graeber nous dit que **plus il y a de dettes, plus il y a des gens qui fuient les États pour devenir nomades.**

L'anthropologue James C. Scott confirme dans son livre *Homo domesticus* qu'**il y a toujours une relation amour-haine entre les sédentaires et nomades**.

La grande muraille de Chine a autant été construite pour empêcher les nomades d'entrer que pour empêcher les dissidents de sortir.

Il précise qu'il y a un proverbe berbère qui résume tout : *Les razzias sont notre agriculture*.

Donc s'il y a trop de nomades pilleurs, c'est un problème.

Il y a deux solutions à ce problème. Payer un tribut aux nomades pour qu'ils n'attaquent pas, c'est la solution pratiquée longtemps par les Chinois qui nourrissaient les nomades mongols ou s'assurer que sa propre population préfère rester sédentaire.

-2450

Le Roi sumérien de Lagash, En-metena crée la première **libération de dette** connue de l'histoire. Ama-ar-gi = "retour à la mère", "retour à l'origine" souvent traduit par "liberté". C'est l'équivalent du *jubilé* dont on parle dans la Bible au Lévitique 25.8-22.

Les esclaves pour dette — *les péons* — peuvent retourner dans leur famille. (Dans la Bible il est dit "clan")

Ce rééquilibrage évite la tentation de devenir nomade pilleur d'État. C'est une fonction de régulation plutôt qu'un geste altruiste.

- 2300

C'est à cette époque qu'on trouve la plus ancienne trace de contrat sumérien mentionnant une **unité de compte** en *sicle (shekel)* d'argent.

Il y a 2 unités de compte de base en Mésopotamie : l'argent et le grain d'orge.

L'argent se compte en unité de poids : le *grain* ŠE, le *sicle* GÍN (qui signifie "peser") ou la *mine* MA.NA. (Qui signifie "compter")

L'orge se compte en unité de volume : le SILÀ ou le GUR.

Vers -2000 en Egypte

Pendant le moyen empire (-2033 à -1786) Le **Deben** est une unité de mesure de poids. Il existe des pierres polies servant d'**étalon de poids**, garantie avec le cartouche de Pharaon gravé dessus.

1 *deben* ≈ 91 g (1 *deben* d'or = 12 *shât* → 1 *shât* = 7,6 g)

Cette unité de poids est utilisée pour mesurer la quantité de **4 types de marchandises faisant aussi office d'unité de mesure de moyen de paiement** :

- des métaux (or, argent, cuivre)
- des étoffes (lin)
- des céréales (orge, blé amidonnier, pain, bière)
- de l'huile

Chaque type a ses propres subdivisions. Il y a un barème d'équivalence de valeur entre les différents produits. On a ainsi un système global et souple d'évaluation de valeur d'un objet ou d'un contrat.

Les rémunérations sont faites en nature ou par **virement de monnaie scripturale**. Ceci est prouvé par des papyrus (Reisner 1 et Berlin 10005) qui dans les extrêmes nous montrent des salaires de 21 kg de pain par jour par personne ou 1/18 de pain par personne par jour.

Ces quantités n'ont aucun sens en nature. Même si beaucoup font encore cette explication simpliste du paiement en pain. On imagine bien le militaire qui part trois mois en expéditions dangereuse à l'étranger. Il ne va pas recevoir ses 21 kg de pain quotidien. En revanche si c'est une monnaie scripturale tout s'explique !

Le militaire une fois rentré au pays aura de quoi convertir le salaire accumulé sur son compte en monnaie scripturale et vivre pendant plusieurs mois.

- 1750

Le code d'Hammurabi règlemente la vie à Babylone. On y apprend notamment les salaires minimaux de quelques professions — noté en unité de compte de poids d'argent et/ou de volume de grain — ainsi que les limites de l'application d'intérêt.

De plus le code, nous dit que le *péonage* — **l'esclavage pour dette — est limité à 3 ans**.

- 1600

Sous la dynastie Shang en Chine (-1600 à -1046) et la dynastie Zhou (-800 à -300), en plus des céréales et des tissus, les **cauris** 贝 sont utilisés comme monnaie, ou du moins comme unité de compte.

Les cauris sont de petits coquillages qu'on trouve dans l'océan Indien, particulièrement aux Maldives. Les marchands arabes les ont répandus en Afrique depuis le Xème siècle.

Il parait que c'est toujours occasionnellement utilisé ? Si t'as des infos à ce propos, je suis preneur.

Le peuple Tolai de Papouasie–Nouvelle-Guinée utilise toujours des coquillages *nassarius arcularius* comme monnaie. Il s'agit du *Tabu*. Cette monnaie est utilisée pour qu'un clan puisse payer les grands rites de la vie, initiation, mariage, funérailles. Mais actuellement tout peut s'acheter en *Tabu*, de la nourriture aux crédits pour téléphone mobile.

Le souci c'est la raréfaction du coquillage. Il n'existe pratiquement plus sur l'ile. Il est importé par containers des Iles Salomon.

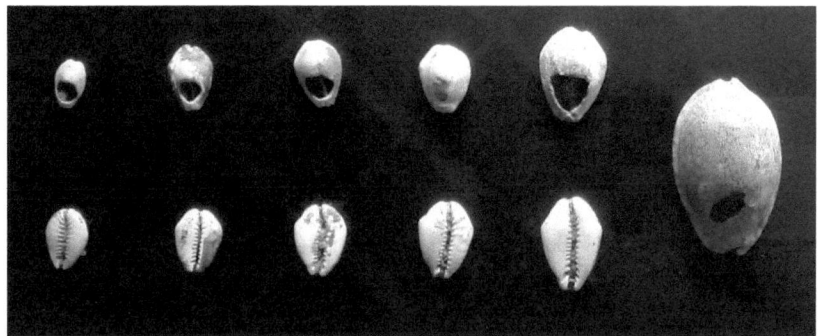

Coquillages cauris utilisés en Chine comme monnaie

Vers -1500

Pendant le nouvel empire en Égypte (-1500 à -1000), le *deben* est réévalué en référence aux unités utilisées à Babylone.

1 *deben* d'argent = 1/2 *deben* d'or.

Deben signifie *anneau* ce qui fait penser à certains auteurs que ce sont des monnaies *jeton de valeur* anneau. Mais on n'a jamais trouvé de tels anneaux. Il est nettement plus probable que **le *deben* n'est qu'une unité de compte.**

Basse époque égyptienne (-750 à -332)

Bien que **les échanges courants se fassent en monnaie céréales (grain)**, des lingots de métaux commencent à circuler pour le commerce international. Les temples se chargent de garantir la pureté des lingots.

Par exemples, les temples d'*Harsaphès à Thèbes* et de *Ptah à Memphis*.

Il y a des milliers d'années... (version économiste)

La version de *l'histoire de la monnaie* qu'on trouve **dans les manuels d'économie** commence souvent ici sans parler des systèmes économiques précédents.

En substance le discours est ***Tout commence avec le Troc**, mais comme ça ne marche pas bien, on s'est mis à utiliser de la monnaie.*

La Banque Nationale Suisse a fait tout une communication illustrée sur ce thème. Cette **version de l'histoire est controversée** par les anthropologues qui cherchent encore la civilisation dans laquelle le troc a pu faire système.

Le don dans une communauté est plus efficace et simple et existe encore. Le troc n'existe marginalement que lors d'échanges entre des gens qui ne se font pas confiance comme des étrangers ou des ennemis.

Selon Jean-Michel Servet de l'université de Genève, **le troc vu par les économistes est surtout un mythe fondateur pour émanciper l'économie marchande** comme discipline à part entière.

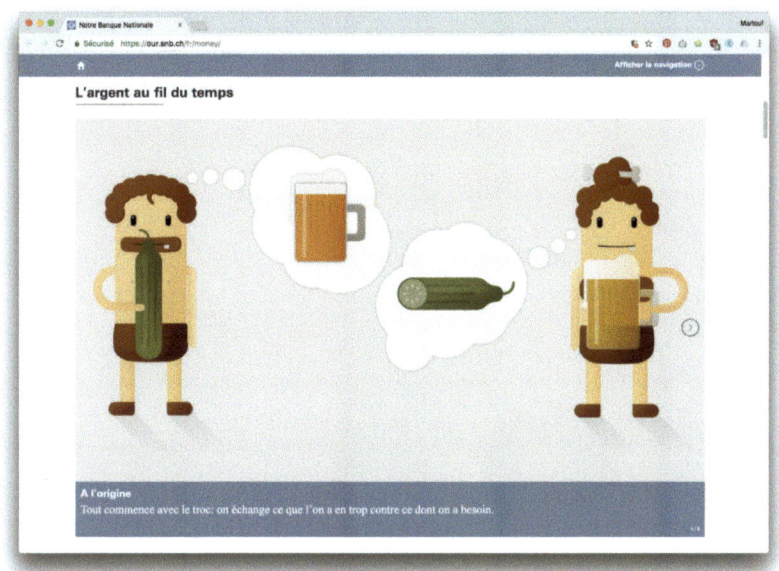

La brochure de la BNS nous dit que "Tout commence avec le troc" → faux !

Vers -700 à -600

Un tournant majeur. C'est à cette époque que l'on voit l'apparition simultanée de monnaie métallique en Grèce (frappée), en Inde (poinçonnée), en Chine (coulée).

Vers – 700 en Chine

Les premières **pièces de monnaie métallique apparaissent.** (錢 en chinois) A cette époque les pièces de monnaie sont en forme de bèche 布幣 et médaille. Ce n'est qu'en -350 que les pièces rondes apparaissent.

Avant il existe aussi de nombreuses formes de pièce de monnaie *non métallique*, sous forme de couteaux, de haches, de coquillages cauris, de carapaces de tortues, etc…

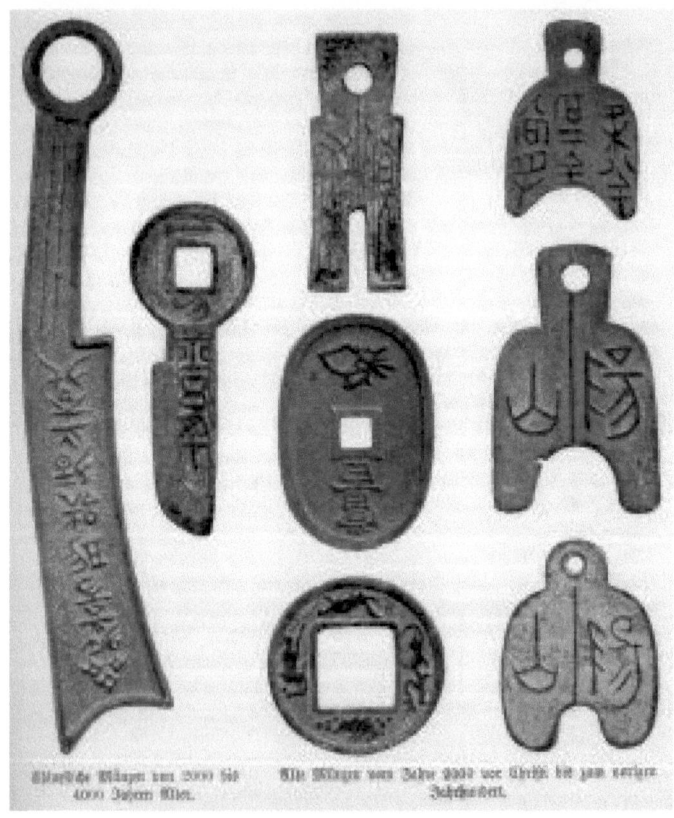

Monnaie chinoise en forme de bêche

Vers -600 en Lydie

C'est dans le royaume de Lydie actuellement en *Turquie,* mais dans la civilisation grecque à l'époque que **la monnaie métallique apparait**. L'exemple le plus connu, l'archétype, c'est le roi Crésus qui frappe des pièces de monnaie avec de l'alliage électrum trouvé dans la rivière Pactole.

Stater du roi Crésus

Vers - 600 av. J.-C dans le monde grec

En Grèce, c'est le moment où **apparaissent les marchés**, et donc *l'économie de marché.*

Ceci s'explique par la création de la monnaie et de **l'impôt qui impose l'utilisation de la monnaie**. Les gens ont besoin de vendre pour gagner de la monnaie afin de payer les impôts.

La monnaie devient nécessaire pour vivre. C'est ça, l'astuce de Crésus.

Vers - 600 av J.C chez les Étrusques

Les Étrusques utilisent des blocs de bronze brut comme unité de compte. C'est l'**æs rude** (*bronze brut coulé*). Ces blocs sont utilisés comme réserve de valeur et produits par qui veut.

- 525

L'Empire Perse achéménides prend le contrôle de l'Égypte. Il utilise le principe des pièces de monnaie que l'Égypte n'a pas.

- 480

Il y a, au moins cent cités grecques qui frappent de la monnaie, alors que les grandes nations commerçantes de la méditerranées — *les Phéniciens* — n'utilisent pas les pièces, mais une comptabilité.

- 450

Les temples bouddhistes inventent un nouveau type d'offrande divine. Il s'agit de la donation perpétuelle. Une personne fait don d'une richesse et le temple vit des intérêts de ce don (~15 %). Ceci, sans jamais toucher au principal.

- 413

10 000 esclaves s'échappent des mines d'argent du Laurion en Grèce. On estime qu'il y en avait 20 000 selon Thucydide, dans *Histoire de la guerre du Péloponnèse*, VII, 27.

Cette évasion montre l'ampleur du système économique : frappe de monnaie + impôt + esclaves.

Vers - 400

Les Romains s'inspirent des **æs rude** étrusques pour normaliser ces lingots de bronze et les créer de façon centralisée. C'est l'**æs signatum**.

Le moule représente souvent un bœuf. Marque qui montre que l'**unité de compte** traditionnel est **la tête de bétail**. Ici elle se transpose dans un bloc de bronze.

Cette nouvelle unité de compte, l'*As*, était utilisée par les censeurs pour recenser la population romaine, mais aussi pour les condamnations à des **peines pécuniaires.**

Ce mot vient de *pecus*, le bétail. Tandis que le mot *capital* vient de la *tête* — de bétail —. Le cheptel *est* un contrat de garde de bêtes qui donne droit à une production sans toucher au "capital" donc aux têtes de bétail.

Au Vème siècle, un bœuf représentait 1000 AS et un mouton 10 AS.

As signatus

- 362

L'auteur grec Xénophon publie son livre *L'Économique* «*L'art et la manière de bien gérer un grand domaine agricole*».

Xénophon parle d'un **Oikos**, une *maisonnée*, un ensemble de biens et d'humains — esclaves compris — rattaché à un lieu d'habitation et de production.

Xénophon y décrit ses *règles de la maison* préférées. Les sujets du livre vont de la taille des arbres fruitiers, à la construction de bateaux en passant par la séparation des esclaves hommes et femmes pour éviter les enfants non désirés !

→ le mot "*éco-nomie*" a pour origine οἶκος, oîkos → *maison(née)* et νόμος, nómos → "loi", "règles".

→ **le mot "*éco-nomie*" signifie donc "*les règles de la maison(née)*".**

On retrouve le concept de maisonnée avec le "É" sumérien et la *Domus* romaine.

- 331

Alexandre le Grand conquiert l'Égypte. Après les Perses, c'est le 2ème empire qui impose ses pièces de monnaie en Égypte. Ceci achève l'ancien système de monnaie scripturale.

- 331

Alexandre le Grand conquiert Babylone et amène les pièces de monnaie en Mésopotamie, ce qui fait également disparaitre l'ancien système.

vers - 300

En Inde, dans le traité de politique, d'économie et de stratégie *militaire Arthashâstra,* il est fait mention d'un outil de paiement appelé *Ādesha.* Il s'agit d'une **lettre de change.**

Littéralement *Ādeśa* signifie *ordre.* C'est donc un ordre de paiement qui **permet d'envoyer un paiement d'une personne à une autre via une banque.**

Dans ce traité *Arthashâstra,* on découvre également ce que pensent les dirigeants des débuts de l'empire Maurya des orfèvres "banquiers".

Il est dit qu'en cas de besoin de renflouer le trésor, le souverain peut lever un impôt. Il y a les tarifs indiqués pour chaque catégorie de métiers.

"On mettra la main sur tout ce que possèdent les orfèvres ; et aucune de leurs offenses ne sera pardonnée ; car ils exercent leur commerce frauduleux tout en prétendant être en même temps honnêtes et innocents. (Livre V, chap. 2) "

- 289

L'*Æs grave* remplace l'*æs signatum.* On normalise encore plus les lingots de bronze. Les têtes de bétail disparaissent au profit de la double tête de Janus. On **coule** des pièces rondes avec un poids précis d'une livre romaine (324 g).

- 269 av. J.-C

Un atelier monétaire est créé à Rome sur la colline du Capitole à côté du **temple de la déesse Junon Moneta**. → C'est là l'**origine du mot** *monnaie*.

On y **frappait** des *Deniers* (*denarius*), une pièce en argent.

Vue du Forum Romain et de la colline du Capitole. Le temple de Junon Moneta se trouvait là où il y a la basilique Santa-Maria (*bâtiment ocre*) que l'on voit haut dessus des pins au-dessus de l'arc de triomphe de Scipion, et au-dessous du monument blanc dédié à Victor Emmanuel II.

Avant - 242

Le chapitre *jin bu lu* traduit par *Règlement concernant [les monnaies] métalliques et en tissu* du livre chinois des *18 règlements de Qin* donne des renseignements sur les pratiques monétaires du royaume. Notamment : *la valeur de la pièce de monnaie ne dépend pas de sa qualité, bonne ou mauvaise, et que le tri est un délit.* On a donc là une monnaie fiduciaire.

- 118

L'empereur chinois Han Wudi crée le **Wu Zhu** 五銖 *(litt: cinq Zhu)* une pièce de monnaie en bronze de 3,25 g. Ce type de pièce sera produit pendant 7 siècles.

Cette création met fin à une période instable d'alternance d'interdiction et de concurrence entre les ateliers de fabrication de monnaie privés ou publics.

- 81

Publication du traité intitulé : ***Dispute sur le sel et le fer*** (鹽鐵論 *Yán Tiě Lùn*)

C'est un grand débat d'érudits à la cour impériale de Chine sur le rôle et la politique de l'État. Notamment sur l'impôt et la monnaie.

La monnaie est vue comme un monopole d'État. En -25, beaucoup de règles se sont assouplies conformément aux recommandations de ce traité, mais pas le monopole d'État sur la monnaie.

Shang Lin San Guan Wu Zhu - 上林三官五銖

~ *30*

Rendez à César ce qui lui appartient est la réponse de Jésus aux pharisiens qui lui demandent s'il est conforme à la loi de payer l'impôt romain.

220

La dynastie chinoise Han prend fin. Depuis la création de la pièce de monnaie *Wu Zhu* en bronze, le cuivre est de plus en plus utilisé dans l'artisanat et immobilisé dans les tombes. Il devient donc rare. Ainsi la valeur intrinsèque de la pièce *Wu Zhu* augmente beaucoup et devient un objet de thésaurisation au lieu de circuler.

La fin de la dynastie Han est l'occasion pour rééquilibrer la valeur. **Les pièces de monnaie sont coupées en deux,** mais chacune des deux parties garde la même valeur. On double ainsi la masse monétaire.

Pour l'anecdote, ce principe ressemble pas mal à la monnaie locale *le demi* qu'on trouve de nos jours en Gaspésie. Des billets de banque Canadiens sont coupés en deux.

Ils ne valent donc officiellement plus rien, mais pour les commerçants qui les acceptent. Ils valent la moitié de la valeur nominale du billet — donc pas comme le Wu Zhu —.

L'idée était de créer une monnaie locale rapidement avec des billets qui ont déjà les protections de sécurité anticontrefaçon.

294

Réforme du système monétaire par l'empereur romain Dioclétien. Création d'un système trimétallique, 🥇 🥈 🥉 or, argent, bronze, censé stabiliser la monnaie romaine. Mais ça ne marche pas, l'inflation continue.

310

L'empereur romain Constantin Ier crée le *solidus*. Une pièce de 4,5 g d'or fin. Cette quantité va changer au cours du temps. Mais **le *solidus* est solide !**

Il sera utilisé jusqu'au XIème siècle à Byzance et sera l'ancêtre du *sou*. (*Solidus.. Sol… sou… Picsou…*)

Le solidus est surtout la nouvelle **unité de compte** de l'Empire romain et perdurera bien au-delà de l'effondrement de cet empire. Il restera l'unité de compte principale, même si les pièces se font rares.

L'étymologie autour du nom de cette monnaie est très révélatrice. Les *soldats* sont *ceux qui reçoivent une solde*. Le mot *solde* venant du *solidus*. La *solde* est le *salaire* des soldats.

Le mot *salaire*, vient de *salarium* la partie de la solde des légionnaires romains payée en sel (*sal en latin*)

J'en conclus que le mot *soldat* est tout à fait similaire au mot *salarié*.

Solidus en or de Constantin

465

En Chine, **un édit donne le droit à tout à chacun de créer des pièces de monnaie** (des *Wu Zhu*). **Le marché est alors inondé de pièces minuscules** produites à la va-vite et d'une qualité atroce.

Les pièces flottent sur l'eau et se plient avec les doigts. Il faut 10 000 pièces pour acheter un boisseau de riz. Plus personne ne prend le temps de compter les pièces. **On paie par poignées de pièces.**

476

Effondrement de l'Empire romain d'occident. Les campagnes vivent nettement mieux. Elles ne doivent plus nourrir les villes !

Le système de domaine agricole — *latifundium* — comportant une villa romaine — *villa rustica* — devient la base des seigneuries du moyen âge.

Le terme de *villa* romaine est à l'origine du mot: *"village"*.

VIème siècle - Empire mérovingien

Durant l'époque de l'empire mérovingien (depuis la chute de l'Empire romain en 476 à la création de la dynastie des

Carolingiens en 754), à l'image de la gouvernance de l'empire, **la monnaie est décentralisée.**

Les pièces sont souvent jugées laides et de qualités médiocres. En revanche, son système monétaire est efficace, circulaire au plus court d'un pouvoir décentralisé.

Contrairement à l'hypercentralisation de l'Empire romain qui le précède, l'empire mérovingien est décentralisé. Il est organisé en couches successives. Il est fort en son centre (nord de la France), et plus on s'éloigne, plus il est faible et instable, et à géométrie variable. C'est une composition de duchés (Bretagne et Bavière) et de royaumes associés en cas de réussite et exclus de l'empire en cas d'échec militaire ou de révolte.

Au-delà des frontières stables, les expéditions militaires fournissaient esclaves et butin, alimentant un commerce lucratif avec le monde méditerranéen. L'étymologie même du mot " esclave " (issu de *"Slave"*) témoigne de cette pratique.

La monnaie est frappée localement dans les 3000 ateliers monétaires disséminés sur tous les territoires. Ces ateliers sont situés généralement au même endroit que le lieu de récolte des impôts.

La monnaie est créée par le pouvoir local, utilisée pour payer les taxes locales et seulement ensuite remonte au pouvoir central.

Le plus célèbre des monnayeurs mérovingiens est **l'orfèvre** Éloi de Noyon, immortalisé en chanson comme **le "Grand Saint Eloi"**, évêque de Noyon et trésorier du roi Dagobert Ier.

621

L'empereur chinois Tang Gaozu crée la pièce *Kai Yuan Tong Bao* 開元通寶 qui remplace le **Wu Zhu** 五銖. Cette pièce sera utilisée pendant 3 siècles.

Le poids de métal est abandonné. On utilise un alliage pour diminuer la quantité de cuivre. **C'est une monnaie fiduciaire**. L'État détient le monopole d'extraction du cuivre et de création monétaire.

781

Charlemagne lance une réforme monétaire. La frappe de monnaie devient un monopole royal. La *livre* d'argent (409 g) devient l'**unité de compte** de l'empire carolingien.

1 livre = 20 sols *(sou)* et 1 sou = 12 deniers.

Donc, on peut faire 240 deniers avec une livre d'argent. **Seul le denier existe vraiment sous forme de pièces.**

La plupart des paiements ne se font pas en monnaie, mais en nature. Des fouilles archéologiques à Rome ont prouvé qu'entre le VIIIe et le XIe siècle, les pièces sont quasi absentes malgré des échanges abondants.

En Galice, au XIe siècle, les hautes valeurs sont exprimées en sous, les valeurs médianes en muids de grain, et les petites valeurs en bétail.

Denier de Charlemagne

Vers 790

Le roi anglo-saxon Offa règne entre 757 et 796 sur le royaume de *Mercie*, au centre de l'actuelle Angleterre.

Il fait frapper plusieurs pièces de monnaie, les plus travaillées de l'époque. Mais une pièce est très étonnante.

Il s'agit d'une copie en or d'un *Dinar* frappé par le calife abbasside Al-Mansour vers 777. Avec une modification, le nom du roi Offa écrit en latin : *Offa rex*.

Donc c'est **une pièce frappée par un roi chrétien, mais avec des inscriptions en arabe.** Et pas n'importe quelle inscription, mais la *Chahada*, la profession de foi, *Il n'y a qu'un seul dieu, Allah.*

Ironie du sort, il semble bien que la pièce unique de ce type qui existe de nos jours vient probablement du paiement de 365 pièces d'or annuelles que le roi *Offa* avait promis de payer au pape.

L'inscription comporte quelques erreurs d'arabe, donc on sait que le graveur ne lisait pas l'arabe.

Mais **que fait un dinar abbasside en Grande-Bretagne ?**

C'est pour la même raison que la plus vieille pièce de monnaie en or qu'on a découverte en Suisse est une pièce à l'effigie de Philippe II de Macédoine, le père d'Alexandre le Grand.

L'idée c'est de normaliser de l'or sous la forme la plus répandue dans le commerce international.

À l'époque du Roi Offa, **le califat abbasside était la grande puissance de ce monde**. Notamment pour commercer avec l'Espagne.

Au passage je profite de mentionner, que le mot Dinar, vient de la pièce de monnaie *denarius* qui en français a donné le denier.

En latin dēnārius signifie *qui contient dix*. Il s'agit d'une pièce qui vaut 10 AS.

En espagnol le mot *dinero*, signifie la monnaie, l'argent au sens générique.

806

Invention du **papier-monnaie** dans un temple bouddhiste en Chine. David Graeber dans *Dette 5000 ans d'histoire*.

960

Impression du **premier billet de banque** le **Jiaozi** 交子 (change) par la dynastie Song du nord en Chine.

Une première expérience de monnaie papier a eu lieu plus tôt sous le règne de l'empereur *Tang Wuzong* (841 — 846). Elle s'appelait la *monnaie volante*. Mais ce papier n'avait pas cours légal.

Billet de banque de la dynastie Song

Vers 1080

La découverte de nouvelles mines de cuivre en Chine permet de relancer la production de pièces de monnaie en alliage fait de cuivre, plomb et étain.

Il y a 6 milliards de pièces qui sont produites par année par 17 ateliers monétaires.

1100

En Angleterre, sous le règne du roi Henri 1er, les bâtons de comptage sont acceptés comme moyen de paiement pour les impôts royaux. Le système était largement répandu, jusqu'en 1834.

Chaque bâton de comptage est fait de deux parties. La souche et l'échantillon. On crée des encoches dans un code commun qui comptabilise les sommes dues. Impossible de tricher vu que les encoches sont faites sur chacune des parties.

La souche — la grande partie — correspond à la partie du créancier. Ainsi une souche a de la valeur. Celui qui détient une souche détient une reconnaissance de dette.

Les dettes sont soldées durant les foires. Comme celle de St Giles à Winchester ou les foires de Champagne.

En France, le mot *taille* est le nom d'une forme d'impôt direct comptabilisé sur bâton de comptage. (en anglais *Tallage*)

L'étymologie des mots autour du bâton de comptage est très intéressante.

On y parle de *souche* et d'*échantillon*, comme la *souche du chéquier*. On **débite** un **compte**. Un mot qui signifie généralement **couper du bois**.

Souche se dit Stock en anglais. L'échange de souches est donc le *Stock Exchange,* une expression qui désigne la *bourse*. Les *détenteurs de souche* sont des *stockholders*, mot souvent utilisé comme synonyme d'actionnaire.

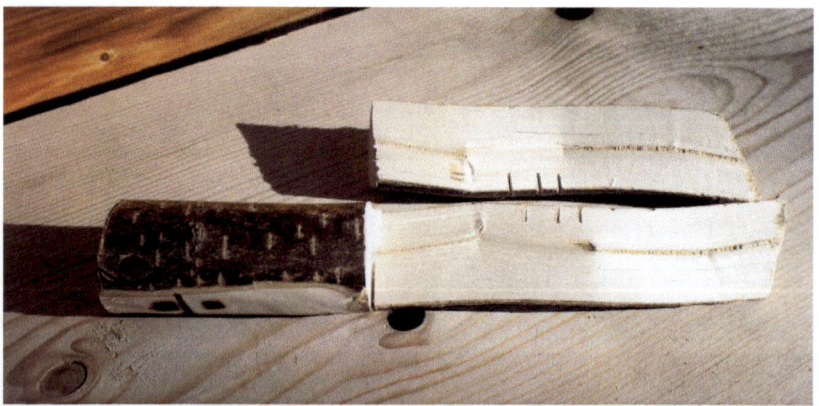

Reproduction d'un bâton de comptage.

Xème siècle (et suivants...)

Chez les Iroquois, il y a un système de répartition de la production. C'est une **maison longue**, qui est une sorte d'immeuble collectif, mais aussi d'entrepôt. Tout ce qui est produit en surplus est déposé là.

Les femmes se chargent de répartir les biens. *ref : Ralph Hawtrey (1935, p. 2-3, cité in Einzig 1949, p. 375)*

Maison longue Huron

XIIème siècle dans le monde musulman

Dans le monde musulman du **califat abbasside**, les riches marchands mettent en banque leur fortune et achètent tout à crédit à l'aide de reconnaissances de dettes tirables à la banque indiquée.

On parle de *Sakk* d'où vient le mot *chèque*.

XIIème siècle dans le monde chrétien

Les ordres religieux et militaires (templiers, hospitaliers, teutoniques, calatrava, alcantara, santiago, aviz…) couvrent la route des pèlerinages d'un réseau de prieurés.

Les voyageurs, pèlerins puis commerçants peuvent y déposer du numéraire et font valoir auprès des autres prieurés leurs reçus ou **lettres de change.**

Ce système contribue à la prospérité des Templiers et conduit à leur dissolution — et massacre — en **1312.**

Une question demeure. Est-ce que Philippe Le Bel a massacré les templiers pour supprimer la dette qu'il avait envers eux ?

XIIème siècle à Venise

Invention d'un outil qui va changer le monde : les bons municipaux.

Ces bons sont utilisés pour financer la guerre en *armant* des bateaux, d'où le métier d'*armateur* qui est l'exploitant d'un ou plusieurs bateaux.

C'est un emprunt **obligatoire** en avance de l'État sur ses citoyens — comme un impôt en avance — qui est rémunéré à 5 %.

C'est **l'ancêtre des *bons du Trésor*** et *obligations* d'État. Les citoyens vénitiens détiennent des titres, mais sans échéance. Ainsi personne ne sait s'ils seront vraiment remboursés. Cette incertitude fait émerger tout un marché spéculatif autour des bons municipaux. Leur valeur oscille au gré des victoires ou revers militaires de l'État vénitien.

1202

La **4ème Croisade** part pour reprendre la Terre sainte aux musulmans. Les croisés de toute l'Europe se réunissent à Venise pour le départ en bateau. Venise étant l'armateur de l'expédition maritime.

Le prix convenu était de 85 000 marcs d'argent. Les croisés étant moins nombreux que prévu, seuls 51 000 marcs ont pu être réunis. Le doge Dandolo refuse donc de laisser partir les navires.

Un arrangement est trouvé. **La dette est reportée** — *mais pas annulée !* — **en échange de la reprise du port de Zara en Dalmatie.**

La croisade part, la ville de Zara est conquise. Ce fait d'arme contre d'autres catholiques indigne le pape qui excommunie les croisés et les Vénitiens.

La croisade continue son chemin et pour des raisons non encore clairement élucidées, mais dont le facteur de la dette n'est peut-être pas à négliger, la croisade est détournée et va mettre à siège et conquérir Constantinople.

Environ 1180 à environ 1240

Dans une période d'une soixantaine d'années, c'est environ **la moitié des cathédrales de France qui ont été érigées.** (Du moins la base)

Ce *temps des cathédrales* est expliqué par prospérité de l'économie et des finances royales, et l'appui fort de souverains comme Philippe-Auguste, Louis VIII et Saint Louis.

Pour Bernard Lietaer cette prospérité est due à de multiples monnaies fondantes et un investissement dans la pierre. Il évoque notamment le principe des méreaux, un nom venant du latin *merere* mériter.

Le méreau est à l'origine un jeton de présence donné aux chanoines dans les abbayes. **Le méreau est un *bon-pour***, un repas ou une somme d'argent. Il prenait la forme d'un jeton en métal ou en cuire.

Les usages ont été divers. Il s'agissait aussi d'un moyen de reconnaissance et de laisser passer des gens méritants. Notamment pour accéder à une communion.

Lors des périodes en manque de monnaie, les méreaux permettaient de jouer le rôle de monnaie.

1223

Le roi de France Louis VIII interdit l'usure aux juifs, une astuce qui annule certaines créances.

– J'avais de dettes chez toi ? C'était de l'usure, alors je ne rembourserai pas.

1250

Le concept de ***personne morale*** a été créé dans le droit canon par le pape Innocent IV → *persona ficta* .

Avec l'assurance, la personne morale est une des bases du capitalisme.

Les monastères, surtout cisterciens, les universités, les églises, les municipalités, les corporations et compagnies deviennent des personnes morales et peuvent acquérir des biens et terrains pour elles-mêmes.

1250

À Toulouse les moulins du Bazacles sont la **première so-ciété anonyme par actions.** Les meuniers s'associent pour obtenir les capitaux nécessaires à la construction de barrages. Des actes notariés anonymes attestent des placements. La société est constituée de 96 *Uchaux.*

Ils sont rapidement acquis par la bourgeoisie de Toulouse qui voit là un bon placement.

1266

Le Roi de France *Saint Louis* crée le *Gros tournoi d'argent* et l'*écu d'or.* **Il interdit aux féodaux de battre monnaie,** ainsi **il prend de l'ascendant sur eux** en les privant d'un outil stratégique.

Jusqu'ici les ateliers monétaires étaient libres et frappaient de l'argent qu'on leur fournissait en prenant leur commission.

Dorénavant tout le bénéfice de la création monétaire revient au roi. Ainsi le budget de l'état compte largement sur ce type de revenu. Un moyen plus facile que de lever un impôt et qui a une assiette de contributeurs plus large.

1271

La dynastie Mongol Yuan est officiellement créée en Chine, après une occupation depuis 1234. **Les anciens papiers-monnaies de la dynastie Jin sont abandonnés, car ils ne valent plus rien après deux hyperinflations** (1214 et ~1230) dues au financement de la guerre contre les Mongols (guerre en plus perdue !).

Dans un premier temps les Mongols utilisent les pièces de bronze en circulation, puis c'est **le papier-monnaie** *Jiaochao* 交钞 **qui est privilégié, les pièces de monnaie tombent en désuétude.**

1282

Venise crée le ducat d'or. Une pièce d'or d'un poids de 3,545 g (à 986 millièmes).

1322

La *nation* vénitienne est créée à **Bruges.** Une *nation* est une association de marchands étrangers établie dans des maisons de la place *Ter Buerse.* Le nom de cette place vient du nom de **l'auberge** tenue pendant 5 générations par la famille *Van der Buerse*.

C'est l'**origine du nom de la** *bourse*.

Sur cette place — et au début dans l'auberge —, les marchands de toute l'Europe se réunissaient pour négocier leurs marchandises et de fait, établir la cotation des prix des marchandises et les taux de changes entre les différentes monnaies.

Ce sont les Italiens, Vénitiens, Génois, Lombards, qui ont créé ces pratiques et se sont rassemblés à Bruges sur le déclin de foires de Champagnes, afin d'être plus proche des marchés du nord de l'Europe. La bourse de Bruges s'est véritablement institutionnalisée vers 1400.

1360

Le banquier Francesch Castello a été **décapité** devant sa banque **pour avoir prêté plus qu'il n'a**. La religion catholique est intransigeante quant à l'interdiction de l'usure, mais ce principe est appliqué de manière plus ou moins stricte selon les endroits. Les cités-États, comme Venise, sont les endroits aux mœurs plus libérales.

1360

Le 5 décembre 1360, le roi de France Jean II crée le franc sur la même valeur que la livre tournoie qui lui précède. Cette création fait suite au paiement d'une rançon pour sa libération des geôles du roi d'Angleterre. Cette rançon ruine le royaume. Le roi marie sa fille Isabelle au seigneur de Milan Jean Galéas Visconti, ceci afin de renflouer les caisses par cette alliance.

Puis il généralise l'impôt sur le sel, la gabelle.

Le nom de franc est choisi pour fêter la libération du roi.

1368

La Chine vit la révolte des Turbans Rouges qui crée la dynastie Ming. L'élément déclencheur est une inondation du fleuve jaune dû au manque d'entretien des digues et dans un contexte de manipulation monétaire de papier-monnaie.

Ainsi **la nouvelle dynastie n'a plus confiance en la monnaie et revient aux fondamentaux**. Les Ming mettent en place un système basé sur l'autonomie agraire et des *impôts en nature*, donc des corvées.

Le **papier-monnaie n'est plus reconnu** pour payer les impôts. Les pièces de monnaie reviennent, mais les Ming n'arriveront jamais à contrôler la masse monétaire. Il y a toute une économie souterraine en pièce d'argent qui se crée. Il y a des mines d'argent illégales qui s'ouvrent.

1430 - 1440

Le gouvernement de la dynastie Ming tente de réguler les mines d'argent. Ça déclenche des révoltes. Le gouvernement inverse donc sa position et décide de ne plus contrer les pièces d'argent, mais de les utiliser officiellement.

1450 - 1580

Vu que l'utilisation des pièces d'argent semble porter ses fruits, la dynastie Ming abandonne progressivement les impôts en nature — corvée — et met en place **un impôt monétaire qui doit obligatoirement se payer en argent.**

Cette décision est fondamentale et **va avoir un effet sur la demande en argent**, comme on le verra plus tard.

Cette réforme est appelée *le coup de fouet unique* 条鞭法 *(Yi Tiao Bian Fa)*.

Cette transition vers l'impôt en argent est terminée et ratifiée par le grand secrétaire impérial Zhang Juzheng en 1580.

C'est ce que j'appelle l'*Astuce de Crésus* : imposer un type de monnaie par l'impôt. Imposer surtout le type de monnaie que l'on est le seul à produire.

1500

C'est très vaguement une époque potentielle à laquelle remonte l'idée de la monnaie de pierre des iles Yap.

Dans la langue Yap, cette monnaie s'appelle *rai*. Ce sont **de grosses pierres rondes en calcite avec un trou au centre**. La plus grosse connue mesure 3,5 mètres de diamètre.

Cette monnaie est créée dans des carrières des iles Palaos à 450 km de Yap. Ainsi, **la création de cette monnaie est très compliquée.**

Ce sont traditionnellement de jeunes hommes qui se lancent dans la taille et le transport de ces pièces de monnaie à l'aide de radeaux.

Une fois de retour à Yap, **la propriété de la pièce de monnaie est enregistrée**, mais la pierre ne bouge plus beaucoup.

On peut comparer ce système à l'étalon or. L'or qui ne sort pas des coffres des banques sert à garantir les autres formes de monnaies.

Il y a aussi une comparaison possible avec le bitcoin qui se crée en échange d'une preuve de travail. Rapporter une telle pièce de monnaie est une belle preuve de travail.

La propriété de la pièce de pierre, tout comme celle d'un bitcoin, est enregistrée dans un registre, encore une similitude.

1521

Hernán Cortés conquiert et rase la ville de **Tenochtitlan**, capitale de l'empire aztèque. C'est le début de la colonisation espagnole des Amériques.

Un des moteurs des conquistadors est de ramener de l'or et de l'argent. Par le livre des mémoires du conquistador *Bernal Díaz del Castillo* écrit par lui-même, on apprend (via *David Graeber* dans : *Dette 500 ans d'Histoire*) que **Cortés est un joueur-flambeur souvent endetté** et dont la motivation est l'or et l'argent, probablement pour payer ses dettes de jeu.

L'expédition pour le Yucatan depuis Cuba n'est autorisée que pour du commerce absolument pas pour une conquête.

Une fois sur place, Cortés fait saboter les bateaux pour forcer les soldats à continuer. Ces derniers **sont endettés** pour payer leurs armes et matériels de rechange.

Après le partage de l'or du trésor impérial volé aux Aztèques, l'essentiel des soldats sont toujours endettés.

Une technique classique de mise en esclavage est utilisée : un impôt est imposé aux Aztèques survivants de la variole et du massacre de la ville.

Pour les personnes ne pouvant pas payer, un prêt est proposé en échange du travail dans les mines d'or et d'argent.

C'est ainsi que *Graeber* émet la thèse que **c'est la dette à plusieurs niveaux qui a été le moteur de la mise en esclavage d'un continent entier** et le génocide de sa population.

Par comparaison, lors de sa période des grandes découvertes au début 15ème siècle, la Chine a beaucoup voyagé et découvert des terres inconnues grâce à sa flotte des Trésors. Mais la Chine n'a jamais mis en esclavage les populations rencontrées.

1524

Après avoir commencé en 1520 sa "carrière" de réformateur par des **campagnes contre l'usure** et le commerce, **Martin Luther est dépassé par l'effet révolutionnaire de ses propos.**

Ses discours inspirent et menacent l'ordre établi par plusieurs soulèvements populaires. **Luther calme la situation et préserve l'ordre établi en déclarant l'usure modérée acceptable.**

Il justifie ceci, car *"Nous sommes sur terre et pas dans un monde idéal, donc il est possible de faire des entorses à l'idéal"*. Il propose de **contourner l'interdiction de l'usure** faite dans le Deutéronome 23.20-21 et de considérer que 4 % à 5 % d'intérêt n'est pas de l'usure. (*p391 Dette 5000 ans d'histoire*)

Un siècle plus tard, les protestants dominent le commerce en ayant intégré cette règle !

1530

Les mines d'argent de Chine sont totalement épuisées.

La Chine devient le moteur de la demande minière en Amérique. Alors qu'il y a pénurie de monnaie métallique en Europe.

Après avoir épuisé les mines du Japon, **l'argent vient en Chine d'abord par l'Espagne, puis dès 1565 directement via les Philippines sans passer par l'Europe**, c'est le *Galion de Manille* qui assure ce transport.

Cet argent est essentiellement acheté en vendant de la porcelaine — les fameux vases Ming — ainsi que de la soie et du thé.

1543

C'est le **Great Debasement**, une grande dévaluation de la monnaie en circulation sous Henri VIII. La proportion d'argent que les pièces contenaient ayant été progressivement divisée par quatre en huit ans, pour tomber à seulement un quart en 1551.

Cette dévaluation crée une vague d'inflation, la sortie d'Angleterre des pièces d'or, et la *crise monétaire anglaise des années 1550*.

1545

Le juriste et réformateur *Jean Calvin* justifie pour la première fois **le prêt à intérêt** dans une lettre à Claude de Sachins, le seigneur d'Asnières (*Concilium de Usuris*). Il justifie le prêt à intérêt pour investir, mais pas pour en faire métier.

1547

Jean Calvin publie à Genève les *ordonnances ecclésiastiques* dans lesquelles **le taux d'intérêt est fixé à 5 %**. C'est souvent considéré par les historiens comme le point de basculement de l'évolution économique européenne. C'est le début de la place financière genevoise.

Vers 1550

La pratique des « *enclosures* », la tragédie des communs se généralise.

Les pâturages communaux (biens communs) sont privatisés. Les paysans sans terres ne peuvent plus faire paitre leurs animaux.

1570

Le moine dominicain et économiste Tomás de Mercado écrit que l'on trouve une **bourse aux bons d'État** à Medina del Campo en Espagne.

Ces bons représentent l'or et l'argent venus des Amériques prêté à l'empereur. **Le métal ne restait pas en Espagne,** mais partait en Chine pour l'argent et en Inde pour l'or.

Cependant, **le papier représentant ces métaux continue d'être utilisé comme moyen de paiement en Europe**. Les banquiers et États qui les émettent peuvent ainsi multiplier la quantité réelle de métal importée sans même y toucher.

Selon David Graeber, **c'est l'abus par les États des bons d'États qui a créé** l'inflation massive en Europe entre **1500 et 1650**, connue sous le nom de *Révolution des prix* et pas l'arrivée massive d'or et d'argent en provenance des Amériques Vu qu'il y a découplage entre la quantité réelle de métal et les bons en circulation.

1598

Frappe de *la pièce de 8* pésos ou *réal* ou *piastre d'argent*. Une pièce frappée par l'Empire espagnol, afin de s'aligner sur le thaler, la monnaie continentale du Saint-Empire.

La pièce de 8 est utilisée très largement dans de nombreux pays comme unité de compte. Notamment aux Amériques. **La pièce de huit a servi de base pour établir le dollar américain**, et son cours légal resta en vigueur aux États-Unis jusqu'au *Coinage Act of 1857*.

Le symbole du dollar $ vient de cette pièce sur laquelle il y a les armoiries de l'Espagne avec 2 piliers entourés de banderoles. (Certains disent que ce sont les symboles des colonnes d'Hercule)

Le nom du *Dollar* a pour origine le nom de la monnaie *Thaler*, la monnaie créée grâce au filon d'argent trouvé à *Joachimsthaler*, un village de Bohème. (*République tchèque* actuelle)

1602

Création de la *Compagnie néerlandaise des Indes orientales.* C'est **le modèle même de la société anonyme multinationale financée par des actions et obligations**.

La compagnie va beaucoup influencer la création des places de bourse. La compagnie étant active dans **le commerce d'épices**, cette marchandise servait aussi de monnaie d'échange. C'est de là que vient l'expression *Payer en espèces.*

1609

Création de la Banque d'Amsterdam, une des premières banques de dépôt. Les dépôts se font à la valeur intrinsèque des pièces.

La banque d'Amsterdam est la première à proposer d'effectuer un virement entre deux comptes de clients de la même banque. C'est l'**invention de la *monnaie de banque***.

La banque est créée avec l'accord et la garantie de l'État de Hollande. **Les banquiers ont un statut de fonctionnaire** de la ville et sous l'autorité des édiles de la ville.

Une loi oblige tout paiement de plus de 600 florins à passer par un virement en interne de cette banque, forçant ainsi les commerçants à avoir un compte et faire des dépôts.

1611

Ouverture de la bourse d'Amsterdam. Un grand bâtiment conçu et dédié aux activités de bourse. Ce bâtiment permet d'officialiser les rencontres des négociants.

Jusque-là, les négociants se rencontraient sur le pont le plus proche du port d'Amsterdam.

L'activité principale est l'achat et la vente d'actions de la Compagnie néerlandaise des Indes orientales.

Les titres de cette dernière ne peuvent obtenir un retour sur investissement que 10 ans plus tard.

La création d'une bourse de ces titres permet aux gens qui sont pressés de faire du profit immédiatement en spéculant sur les actions de la compagnie. (À ce sujet voir le documentaire Arte : 3 villes à la conquête du monde. *Amsterdam, Londres, New York)*

1609 - 1611 - 1623

Depuis le XIVème siècle, **le *royaume de Ryūkyū*** domine l'archipel des iles Ryūkyū situées entre le Japon et Taiwan, proche des côtes de la Chine.

En 1609, les forces du domaine féodal japonais de la province de *Satsuma* envahissent le royaume de Ryūkyū en intégrant les iles du nord de l'archipel. Puis en 1611 le roi est remis sur son trône, mais comme vassal du clan japonais Satsuma.

Les iles Ryūkyū se retrouvent sous double domination. **Le royaume paie un tribut pour ne pas se faire attaquer par la Chine des Ming, et doit également payer un tribut à ses nouveaux maitres japonais.** Ces deniers ne dévoilent pas leur conquête à la Chine afin de garder une porte ouverte de commerce avec ce grand voisin. Alors même que la Chine des Ming a prohibé le commerce avec les Japonais.

Contourner un embargo est toujours un moyen de s'enrichir.

Le peuple des iles Ryūkyū se voit donc contraint doublement de tenir une **comptabilité de ses récoltes** et de ce qu'elle doit payer en tribut.

Cette **comptabilité est réalisée** à l'aide de **Warazan** (藁算), des **nœuds réalisés sur des tiges de pailles.** C'est **le même principe qu'avec les** *quipous* qu'on retrouve en Amérique du Sud chez les Incas et à Caral.

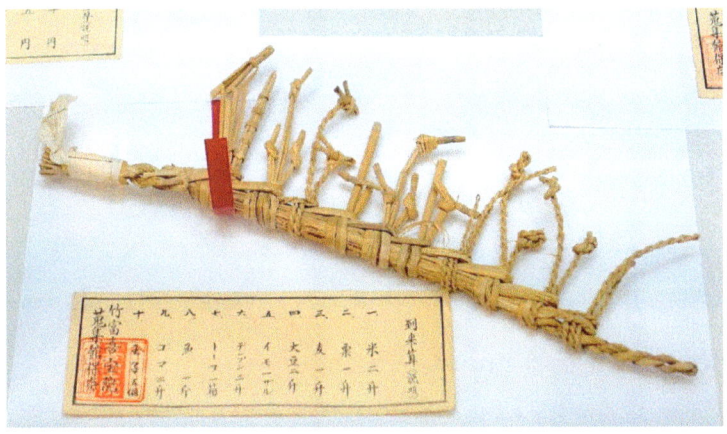

Le *wazaran* utilise un code en notation positionnelle en base dix. Il y a un brin qui représente les unités, puis un brin les dizaines, puis les centaines et les milliers. (Je n'ai personnellement pas vu d'exemple avec plus que des milliers)

Pour chacun des brins, les chiffres sont représentés par plusieurs possibilités, soit des nœuds, soit des boucles, soit des sous-brins. Par exemple, si je vois 3 sous-brins, c'est un 3. Tout comme 3 nœuds sur le même brin. Une boucle représente un 5.

Ainsi si je veux montrer 800, je peux faire une boucle et 3 sous-brins, dans le gros brin des centaines.

$5 + 3 = 8 \rightarrow 8*10^2 = 800$

Selon Miyuki Shimabukuro du musée universitaire de Ryukyu, ce type de comptabilité sur paille est très ancien et pourrait remonter au paléolithique.

On retrouve **ce genre de comptabilité** sur l'ile de **Taïwan**, dans la province chinoise de **Fujian**, et même sur l'ile d'**Hawaï**.

Avec les *Quipou*s de *Caral* et les *Quipous incas*, on constate qu'un tel système de comptabilité est utilisé **tout autour de l'océan Pacifique**. Ce qui suggère une culture commune entre tous ces lieux.

1644

Li Zicheng à la tête d'une rébellion paysanne prend Pékin et met fin à la dynastie Ming.

Un des facteurs qui a mené à cette chute est l'**impossibilité de financer les soldats qui contenaient les rebelles**, ceci à cause d'un manque d'approvisionnement en lingot d'argent par les Espagnols.

En effet, des *galions de Manille* ont coulé dans les années 1640, limitant ainsi la quantité de monnaie disponible, car exclusivement fabriquée en argent sous la dynastie Ming.

1656

Création de la banque de Stockholm, inspirée par la banque d'Amsterdam. C'est **la première banque à émettre de "vrais" billets de banque en Europe**. Ils sont convertibles en argent ou en cuivre.

1661

Création de la banque de Suède qui reprend le **monopole d'émission de billets de banque** de la banque de Stockholm lors de la faillite de cette dernière. La banque de Suède est souvent considérée comme la **première banque centrale.**

1685

À la suite d'une pénurie de monnaie dans les colonies françaises du Canada, des cartes à jouer sont utilisées comme
monnaie de nécessité. Le gouverneur signe sur les cartes
une promesse de paiement de la solde. Donc la carte prend
de la valeur et sert de monnaie.

1690

Création des **Colonial scrips**. La Province de la baie du
Massachusetts émet sa propre monnaie papier. Puis une à

une chaque colonie d'Amérique du Nord émet également sa propre monnaie fiduciaire sur papier.

La quantité de monnaie est régulée, d'un côté par l'émission de nouvelle monnaie et de l'autre côté par la destruction de monnaie en la récoltant par l'impôt.

La colonie de Pennsylvanie reste un exemple de bonne gouvernance monétaire d'un État pendant 50 ans. (*Principe du chartalisme.*)

Le 19 avril 1764, le parlement anglais vote le *currency Act*, une loi interdisant aux 13 colonies de créer de la monnaie. C'est un des facteurs qui a mené à la guerre d'indépendance des USA.

Dans la suite de l'histoire, le *Continental dollar* est créé pour financer la guerre d'indépendance.

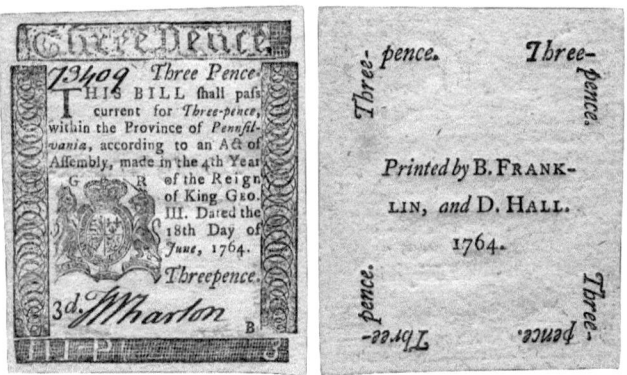

Colonial scrips de Pennsylvanie imprimé par Benjamin Franklin en 1764

27 juillet 1694

Création de la Banque d'Angleterre.

La loi adoptée le 27 juillet 1694 a un titre qui ne mentionne pas la création d'une banque. Voici ce titre à rallonge :

"*Acte pour accorder à leurs Majestés des taux et droits différents sur le tonnage des navires et bateaux et sur la bière et autres liqueurs, afin d'*obtenir certaines récompenses et avantages mentionnés *dans ledit acte pour les personnes qui avanceront volontairement la somme de cinq-cent-mille livres pour la poursuite de la guerre contre la France.*"

Le titre court le plus utilisé est *Tonnage Act 1694*. Vu que parmi la création de plusieurs nouveaux impôts et taxes, la postérité retient que ce texte de loi crée la Banque d'Angleterre, ce texte est aussi connu sous le nom du *Bank of England Act 1694*.

Le contexte de création de cette banque est le suivant. Le roi d'Angleterre Guillaume III, Prince d'Orange, d'origine hollandaise, se met à dos le parlement. Ce dernier refuse de financer la guerre contre la France.

La banque d'Angleterre est donc créée pour financer cette guerre. Une société privée appartenant à 1520 personnes prête au gouvernement £ 1,2 million.

Une partie de cette somme est prêtée en or et une autre partie est enregistrée sur des bâtons de comptage. (A013/1)

Le Roi avait vraiment le parlement à dos. Ainsi le *Tonnage Act1 694* a été accepté par l'unanimité des **seulement 42 membres présents** – tous du parti *Whigs* – de la **Chambre des Communes. Cette chambre était composée de 514 membres.** (Donc cette loi est votée par 8 % des membres !)

Une grande partie des membres de la Chambre des Communes sont des seigneurs ruraux qui sont en **pleine moisson** sur leurs terres en ce mois de juillet et d'autres, membres du *parti des Tories* n'étaient pas présents en signe d'opposition à ce vote.

Nous avons là un bon exemple, de ce que j'appelle l'*astuce de Crésus*, soit le mélange dans la même loi, de l'octroi d'un pouvoir de création monétaire et d'un impôt qui impose l'utilisation de cette monnaie.

1695

En Angleterre John Locke — le contractualiste libéral — est un des conseillers de Isaac Newton. Ce dernier est connu pour sa découverte de la gravitation, mais il est aussi à cette époque le directeur de la monnaie anglaise. Car **à** l'époque on engageait des alchimistes pour créer de l'or !

C'est une des facettes de Newton qui est le moins mise en avant. Bien que l'on commence à en savoir plus. En décembre 2020 un manuscrit de Newton a été vendu aux enchères. Ce sont des travaux sur la détermination de valeur de la coudée royale égyptienne dans la pyramide de Khéops, afin de déterminer la date de l'apocalypse. Il a trouvé 2060. Voilà, t'es au courant.

À contrecourant de ces pensées métaphysiques, John Locke était **un scientifique rationaliste**, matérialiste. Ainsi il s'oppose à la monnaie *fiduciaire,* car il refuse d'introduire la notion de foi ou croyance dans la monnaie. Il **ne croit pas à la "Foi" en l'État**.

Locke pense que c'est l'or — ou d'autres métaux — qui par nature contient la valeur.

Depuis l'origine des pièces de monnaie métallique, il y a des personnes qui pratiquent le rognage. Soit, le fait de prélever un peu de matière sur la tranche en réduisant la taille de la pièce pour que ça se voie le moins possible.

Quand la valeur de la pièce est issue d'une reconnaissance de dette de celui qui a sa marque sur la face de la pièce (monnaie fiduciaire), la valeur de la pièce est généralement beaucoup plus grande que la valeur du métal. **Le rognage ne rapporte rien.**

Mais avec des théories monétaires comme celle de Locke où **la valeur de la pièce dépend de la valeur intrinsèque du métal, il y a beaucoup plus de risques de rognage.**

Surtout si le prix du cours du métal grimpe, mais pas la valeur nominale de la pièce. Là, le rognage devient *monnaie courante*, voir plutôt la refonte de pièce qui est plus discrète. Le rognage étant souvent considéré comme un crime de haute trahison. À l'exemple de Thomas et Anne Rogers condamnés pour avoir rogné 40 pièces d'argent. En 1679, Thomas Rogers fut *trainé, pendu et équarri* et Anne fut brulée vive.

Pour éviter le rognage des pièces, Isaac Newton invente les **cannelures sur la tranche des pièces.**

Selon David Graeber, la mise en place des théories de Locke n'a pas été concluante.

1704 - 1709

La fin du règne du roi de France Louis XIV est pénible. L'état cherche des financements. Une des astuces est de **refondre les Louis d'or pour en faire des nouveaux, en augmentant leur valeur nominale.** Donc globalement on augmente la quantité de pièces avec la même quantité d'or.

C'est là que **des faux-monnayeurs se saisissent de l'occasion pour également refondre et graver de nouveaux Louis d'or, mais à leur propre profit.** Il est possible de faire 10 % à 50 % de bénéfice. C'est un juteux commerce.

On a l'exemple d'ateliers neuchâtelois — principauté prussienne depuis 1707 — qui bénéficie de la protection bernoise et prussienne pour réaliser 350 000 faux Louis d'or durant cette période. Dont 200 000 rien que pour le compte de l'orfèvre d'origine bâloise Jean-Jacques Schmied. Pour tenter d'enrayer le faux monnayage, l'état français propose d'engager Jean-Jacques Schmied dans ses propres ateliers à Lyon.

1714

Bernard de Mandeville publie la *Fable des abeilles ou les vices privés forment les vertus publiques*. C'est une fable politique dans laquelle **Mandeville soutient que la guerre, le vol, la prostitution, l'alcool et les drogues, la cupidité, etc., contribuent finalement** *à l'avantage de la société civile*.

— Soyez aussi avides, égoïstes, dépensiers pour votre propre plaisir que vous pourrez l'être, car ainsi vous ferez le mieux que vous puissiez faire pour la prospérité de votre nation et le bonheur de vos concitoyens.

Mandeville inspire Adam Smith qui publie en 1776 son livre *Recherches sur la nature et les causes de la richesse des nations.*

On peut y lire l'extrait suivant :

– Ce n'est pas de la bienveillance du boucher, du marchand de bière et du boulanger que nous attendons notre diner, mais bien du soin qu'ils apportent à leurs intérêts. Nous ne nous adressons pas à leur humanité, mais à leur égoïsme ; et ce n'est jamais de nos besoins que nous leur parlons, c'est toujours de leur avantage.

1717

La Grande-Bretagne et l'Empire britannique adoptent l'**étalon or.**

1720

Éclatement de la **bulle spéculative** de la **compagnie des mers du Sud.**

C'est une époque de grande spéculation sur les richesses que cette compagnie peut faire. Les dirigeants de la compagnie, pour faire grimper leur financement, ont grossi les gains possibles. Ils se sont fait prendre pour manipulation et l'action s'est effondrée.

La banque centrale française créée par John Law fait faillite.

Le principe est le même que la banque d'Angleterre, juste une circulation de monnaie papier convertible en or.

La **création monétaire est basée sur les richesses rapportées des colonies**, surtout de la Louisiane. Law a ensuite agi comme en Angleterre en faisant miroiter des richesses beaucoup plus grandes en provenance des colonies.

Les ennemis de Law — *le prince Conti et le duc de Bourbon* — soutiennent la spéculation dans le but de créer une bulle. Ce qui n'a pas manqué le jour où ils sont venus réaliser leurs gains.

Les investisseurs ayant vu le cours de l'action atteindre des sommets, ils ont aussi voulu réaliser leur gain (40 fois). Ils viennent donc chercher leur or.

Ce mouvement précipité de réalisation (trop) rapide des gains provoque la fin de la banque, car les gains des colonies ne sont pas encore faits.

De par ces faillites, **beaucoup de gens se méfient du papier-monnaie.** Cette nouvelle technique reste donc marginale.

Cette histoire me fait beaucoup penser à ce que l'on peut entendre à propos du Bitcoin et des cryptomonnaies de nos jours. Les nouvelles techniques restent marginales au début, mais peuvent bien dominer le système plus tard.

1775 avril-mai

C'est la guerre des farines dans le Royaume de France.

Le pain est l'aliment de base de la sécurité alimentaire. Le rôle du Roi est vu par la population comme étant le garant de la sécurité du peuple. **C'est donc la responsabilité du Roi que de garantir l'approvisionnement en pain de toute la population.** C'est ainsi que le commerce du grain est très encadré. Le rôle de la police royale des grains est de surveiller les marchands spéculateurs en les éloignant des marchés tant que la population n'est pas servie au juste prix.

Les marchands n'ont accès au marché que pour le surplus.

Sous les pressions des *physiocrates*, ancêtres des économistes, une libéralisation du commerce des grains débute au royaume de France en 1763.

La libre circulation des grains d'une province à une autre est autorisée, puis en 1764 l'exportation vers l'étranger est autorisée.

Après des soucis de spéculation qui font grimper les prix et provoquent des émeutes. La loi est abrogée en 1770 par le *Conseil d'État*.

En 1774, le Roi Louis XVI succède à Louis XV. Turgot est nommé ministre des Finances et réintroduit la libéralisation du commerce du grain le 13 septembre 1774.

Mais au printemps 1775, la guerre des farines éclate. On compte 180 conflits en 17 jours dans le Bassin parisien. **La spéculation et l'exportation des grains à l'étranger, couplé à de mauvaises récoltes, provoquent la disette en France**. Le peuple attaque les gros fermiers et les dépôts.

Le "contrat social" avec le Roi, s'effrite de plus en plus. Le peuple se sent trahi par les multiples libéralisations qui manifestement ne profitent qu'aux marchands et pas au peuple.

C'est un prélude à la Révolution française.

1775 - 1781

Le *continental currency dollar* est imprimé par le congrès des colonies confédérées pour financer la guerre d'indépendance des USA. C'est une monnaie papier gagée sur les terres.

Cette monnaie est efficace pour financer la guerre, mais en 6 ans elle s'effondre à cause d'une trop grande quantité de monnaie imprimée, et des faux billets envoyés depuis l'Angleterre ennemie.

C'est toujours Benjamin Franklin — imprimeur, diplomate et inventeur du paratonnerre — qui gère et imprime cette monnaie dans la continuité des *colonial scrips*, monnaies fiduciaires des premières colonies anglaises sur sol américain.

Benjamin Franklin est toujours lié à la monnaie des USA, depuis les *colonials scrips*, avec le *continental dollar*, et toujours actuellement, vu qu'il a son portrait sur les billets de 100 dollars US.

1789

La dette publique de l'État français est sacralisée par l'Assemblée Nationale Constituante.

En cette période révolutionnaire, peu importe le système politique, **la dette publique ne doit jamais être annulée, car c'est le moyen d'épargne le plus courant des Français.**

Dans le contexte de l'époque, il n'y a pas de banque. Si je veux conserver de la monnaie pour ma retraite, le plus simple est que je la prête à l'État qui m'en rendra plus dans 10 ans.

1790-1796

Création des **assignats**.

L'État français a besoin de liquidités. Il confisque les biens de l'église par assignation et veut les vendre. Mais le processus prend du temps. Pour avoir des liquidités, l'idée est de vendre des titres qui représentent cette vente future.

Cependant, **les comités révolutionnaires impriment plus d'assignats que prévu. Sans compter qu'il y a beaucoup de faussaires**, aussi à l'étranger, les ennemis de la France tentent d'amplifier la crise.

Finalement les planches à billets seront brulées sur la place Vendôme pour mettre fin à ce système monétaire catastrophique, mais qui aura eu pour mérite de créer les liquidités nécessaires et convertir bon nombre de nouveaux propriétaires à la cause de la révolution.

25 février 1791

Création de la *First Bank of the United States,* comme **banque centrale des USA**.

Bien qu'elle s'appelle *1ère banque,* ce n'est pas la première banque centrale des USA. Elle remplace la Banque de l'Amérique du Nord créée en 1781 pendant la guerre d'indépendance sur un projet du surintendant des finances du Congrès Robert Morris et d'Alexander Hamilton. Le but de cette banque est de sauver les finances affaiblies par l'effondrement du ***continental currency dollar***.

L'État de Pennsylvanie s'oppose à la *charte de privilège* octroyée par le congrès en raison de *crédits factices et d'alarmante influence étrangère.* La charte de privilège de *la Banque de l'Amérique du Nord* lui est retirée en 1785.

C'est l'occasion pour Alexander Hamilton, premier Secrétaire du Trésor des États-Unis sous la présidence de George Washington de relancer un nouveau projet de banque centrale.

La *First Bank of the United States* est fondée le 25 février 1791, par un vote du Congrès avec un capital de 10 millions de dollars, sous forme de banque commerciale privée. **L'État ne possède que 20 % de ce capital. Le reste appartient à des investisseurs privés.**

Les futurs présidents des USA, John Adams, James Madison et Thomas Jefferson, alors Secrétaire d'État, sont fortement opposés à la création d'une banque centrale. **Jefferson déclarait cette banque anticonstitutionnelle.**

1795

La *First Bank of the United States* craint pour sa santé et **demande un remboursement partiel du prêt fait au gouvernement**. Ce prêt vaut $6 millions et représente 60 % du capital de la banque. Le souci, c'est que le gouvernement n'a pas de quoi rembourser.

Entre 1796 et 1802, le gouvernement des USA vend donc sa participation au capital de la banque pour rembourser son prêt.

La banque passe donc en main 100 % privée.

C'est là que Thomas Jefferson, vice-président des USA de 1797 à 1801 et président de 1801 à 1809 s'oppose vivement à la banque.

Après son mandat, la loi concernant la banque centrale n'est pas renouvelée suite à un vote de 65 contre 64 voix.

Le 3 mars 1811, la banque cesse ses activités.

Il existe une citation avec plusieurs variantes qu'on attribue à Thomas Jefferson.

J'ai bien cherché, je n'ai pas trouvé la source dans son immense correspondance qui est accessible en ligne avec ses propos entre 1791 et 1816.

"Si le peuple américain permet un jour aux banques privées de contrôler l'émission de sa monnaie, d'abord par l'inflation, puis par la déflation, les banques et les sociétés qui se développeront autour d'elles priveront le peuple de toute propriété jusqu'à ce que leurs enfants se réveillent sans abri sur le continent que leurs Pères ont conquis... Je crois que les institutions bancaires sont plus dangereuses pour nos libertés que les armées permanentes... Le pouvoir d'émission devrait être retiré aux banques et restitué au peuple, à qui il appartient."

La fondation qui gère sa maison propose une page web qui explique comment cette citation pourrait avoir été construite à partir d'autres propos qu'on trouve dans des lettres qui ont plus de 25 ans d'écart.

Donc il est plus prudent de partir du principe que cette citation est fausse. Mais comme toute légende elle comporte un fond de vérité.

Peut-être que Jefferson n'a pas écrit ce genre de propos, mais qu'il est les a dits ?

1800

Création de la **Banque de France**.

C'est le banquier suisse Jean-Frédéric Perregaux — né à Neuchâtel, comme moi ! — qui propose la création de cette banque privée à Napoléon.

Ce dernier accepte et en devient aussi actionnaire. Cette nouvelle banque est utilisée pour les services bancaires de l'État, notamment pour les *receveurs généraux* qui collectent les impôts.

1803

Napoléon donne **le monopole de la création du papier-monnaie à la banque de France**. Tout d'abord uniquement pour Paris, le monopole total ne viendra qu'en 1848.

Le chef de l'État en bénéficie personnellement en tant qu'actionnaire ! Voir à ce propos l'explication en vidéo de l'historien Henri Guillemin.

Ce dernier passionnait les foules en racontant l'histoire — en noir et blanc, sans décors et illustrations — dans une émission de la télévision suisse romande diffusée dans les années 1960. Henri Guillemin a toujours du succès actuellement dans les vidéos d'archives.

1803

Le **Franc Germinal** est créé. Il s'inscrit dans le cadre d'un système monétaire bimétallique. or-argent. Un franc = 5 g d'argent à $^{900}/_{1000}$ = 0,322 5 g d'or à $^{900}/_{1000}$.

L'État reprend au poids les monnaies rognées ou altérées, ainsi que les monnaies des autres pays. On est dans un système à étalon métallique.

10 avril 1816

C'est **le retour de la banque centrale aux USA**. Le président Madison signe la création de la *Second Bank of the United States.*

C'est l'industrialisation naissante et l'endettement dû à la Guerre anglo-américaine de 1812 qui pousse à la recréation de LA banque.

Tout comme la *First Bank of the United States*, la *Second* est une banque privée détenue à 20 % par les USA, le reste étant détenu à 80 % par 4000 investisseurs privés, dont 3000 en Europe.

La différence est l'augmentation du capital de la banque à $ 35 millions.

Le président Andrew Jackson *tue* la banque en 1832.

1826

La banque d'Angleterre reçoit le monopole de titrisation de la dette d'état en billet de banque. C'est le *Bank Charter Act.*

Au début la titrisation se fait de manière nominative, puis au porteur. Donc c'est **une dette que le Roi doit rembourser**, mais en attendant, pour temporiser, les marchands s'engagent à payer la compensation en or qui serait demandée. D'où le *deal* d'avoir en échange le monopole de titrisation. C'est un partenariat gagnant gagnant.

Les £ 1,25 million enregistrés sur un bâton de comptage peuvent se titriser en 1,25 million de billets de 1 £.

Et s'il y a un peu plus de billets, c'est grave ? Ça se voit ? C'est pratique d'avoir le monopole d'émission des billets.

10 juillet 1832

Le président des USA, Andrew Jackson met son véto au renouvèlement de la loi autorisant une banque centrale.

En janvier 1835 **Jackson rembourse l'intégralité de la dette publique des USA** afin de se libérer de toute banque.

Son programme politique était *Non à la banque*. La constitution des USA donne le pouvoir de création monétaire au congrès et n'a pas besoin d'une banque.

Constitution des USA : article 1, section 8, clause 5 : Le Congrès aura le pouvoir : *de **battre monnaie**, d'en déterminer la valeur et celle de la monnaie étrangère, et de fixer l'étalon des poids et mesures.*

À la fin de sa vie, Jackson a dit que sa plus grande action politique était d'avoir tué LA banque.

On dirait que c'était elle ou lui.

Le 30 janvier 1835, **Jackson est victime de la première tentative d'assassinat** contre un président américain au Capitole.

Par une chance incroyable, les deux pistolets de l'assassin – un déséquilibré isolé comme souvent ! –, s'enrayent successivement. Une gravure devenue célèbre, faite 20 ans plus tard, montre Jackson frappant la tête de cet homme avec sa canne.

1834

Au royaume d'Angleterre, le poste de *Caissier de l'échiquier — Teller of the Receipt of the Exchequer —* **est supprimé.** Marquant ainsi **la fin du système de bâton de comptage en Angleterre.**

Les bâtons sont brulés. **Le fourneau du palais de Westminster débordant de bâtons de comptage met le feu au palais** entier. C'est un des plus grands incendies de Londres. Le peintre Turner en a fait un célèbre tableau.

Environ 1830 à 1890

Cœur de la période de **révolution industrielle** qui nécessite énormément d'argent pour construire tout un **réseau de chemin de fer**, des **usines d'acier**, des **usines électriques**, des **navires à vapeur**.

Tout ce passage d'une économie agraire à une économie industrielle et commerciale se finance essentiellement grâce au **crédit bancaire des banques commerciales**, capables de créer de la monnaie à l'infini.

→ **On passe du « *prêt* » au « *crédit* »**. Du *je capitalise et j'achète* au *j'achète et je payerai plus tard*.

Ce changement est possible grâce au changement de vision du monde.

Le souvenir de la banqueroute du système de Law a empêché pendant longtemps de faire du crédit, tout en favorisant le prêt.

Mais avec le temps, il y a de plus en plus de monde qui adopte la vision du monde de l'étape orange de la spirale dynamique. Une vision du monde dans laquelle le futur est meilleur et le monde plein d'opportunités à saisir.

L'innovation devient la règle et s'oppose à la tradition.

Comme le futur est meilleur. Il devient possible d'avoir confiance dans le remboursement plus tard d'une somme d'argent créditée tout de suite.

Slogan d'un assureur qui reflète bien la vision du monde d'un avenir toujours meilleur.

1848-1856

La ruée vers l'or en Californie, et en Australie en 1851, renforce la confiance dans les billets de banque. Car la découverte de nouvelle quantité d'or fait baisser le prix relatif de l'or par rapport à l'argent.

Pour l'anecdote, c'est sur le terrain du colon suisse *Johann August Suter* — appelé *Nouvelle Helvétie* — que les premières pépites d'or de Californie ont été trouvées. Son fils est le fondateur de la ville de Sacramento. Comme quoi, il y a toujours un lien entre la Suisse et la monnaie !

1848

Pierre Joseph Proudhon lance son idée de *Banque du peuple*.

Le but est de **réaliser une véritable démocratie économique** grâce au crédit mutuel et gratuit, grâce à une suppression progressive du taux d'intérêt, ainsi qu'un découplage d'avec l'or.

Le lancement de la banque échoue malgré un grand intérêt populaire. Ceci à cause du manque de fonds propres nécessaires pour remplir les obligations légales.

La raison est due à plusieurs amendes qui grèvent les actifs du journal *Le Peuple* qui devaient servir de fonds propres.

1849

Friedrich Wilhelm Raiffeisen crée la *Société de secours aux agriculteurs impécunieux de Flammersfeld* afin de renforcer la coopération financière dans les communautés rurales.

Le **mouvement de coopératives bancaires** *Raiffeisen* se propage en Allemagne, Autriche, Suisse (vers 1900) et en France sous le nom de *Crédit Mutuel* ou *Crédit Agricole*.

Pour l'anecdote, on trouve partout en Europe des banques *Raiffeisen*, mais en France ce nom à consonance allemande ne passait pas très bien après la guerre de 1870. Donc seul le principe, mais pas le nom a été adopté.

1856

Création du **Credit Suisse** par Alfred Escher afin de financer le développement des **chemins de fer en Suisse**, au nord-est et au Gothard.

Alfred Escher avait de la suite dans les idées. Pour s'assurer d'avoir des ingénieurs pour assurer la construction du chemin de fer, il a également créé l'**École Polytechnique Fédérale**.

Par la création d'une banque, Escher s'est débarrassé des banquiers étrangers, *Rothschild-Perreire* qui se battaient pour le contrôle des chemins de fer en Suisse.

1858

Le célèbre faux-monnayeur Samuel Joseph **Farinet falsifie des pièces de vingt centimes suisses** en billon (un alliage d'argent, de cuivre, de zinc et de nickel).

Le billon est un alliage solide. Il est donc possible de réaliser une empreinte de la pièce sur une plaque d'acier chauffée à blanc. Cette empreinte sert de matrice pour de fausses pièces.

Farinet est considéré comme *le Robin des bois des Alpes*.

1861

Vu les taux usuriers entre 24 % et 36 % par an qui sont proposés au président des USA *Abraham Lincoln* pour financer la guerre de Sécession des USA. Il **décide de créer lui-même de la monnaie**. Sur les conseils de son ami le *colonel Taylor*, $ 347 millions de *greenback* sont imprimés.

Ces billets sont surnommés ainsi, car ils sont verts au dos. Leur nom officiel est *United States Note*.

La première série de 1861-1862 se nommait *Demand Note*, car ils étaient *payables sur demande*.

Le 15 avril 1865 **Lincoln est assassiné.**

En complément des *greenbacks,* des pièces en argent et en or circulent. Jusqu'en 1873, il est possible de faire frapper son propre or ou argent sans frais dans les ateliers monétaires de l'État, les *US-mint.*

1865

The Hongkong and Shanghai Banking Corporation, plus connue sous le nom de **HSBC,** est créée à Hong-kong. Cette banque est créée notamment par l'écossais Thomas Sutherland. Il était à la base à la tête d'une société de logistique maritime à Hong-kong, la Peninsular and Oriental Steam Navigation Company (P&O).

La raison d'être de la Banque HSBC est de financer les échanges entre l'Europe, l'Inde et la Chine. Le fondateur devait bien être au courant des trafics à faire étant déjà à la tête de la logistique locale des transports et président des Docks.

C'est ainsi que HSBC a été dès l'origine une banque impliquée dans le trafic de drogue. Le contexte fait suite aux guerres de l'opium. Les Anglais, en possession de l'Inde, y cultivent de l'opium, et l'utilisent comme moyen de paiement pour la soie, la porcelaine et surtout le thé qu'on ne peut acheter qu'en Chine.

Les Anglais n'ayant rien d'autre à vendre déclenchent une guerre pour pouvoir vendre de l'opium, alors que cette drogue est interdite depuis longtemps en Chine. Ils invoquent la liberté de commerce.

1865

Création de l'Union latine. C'est une union monétaire entre la France, la Belgique, la Suisse, l'Italie, puis la Grèce. La Russie, la Serbie, l'Espagne, bien que non membres, utilisent également ce système. Les USA ont entamé des démarches d'adhésion sans que le processus aboutisse.

Ce système est basé sur le bimétallisme or-argent. De facto la 1ère guerre mondiale a mis fin à l'union latine. Mais officiellement elle a été dissoute en 1927.

En Suisse les pièces émises durant cette période portent le nom de *Vreneli* et sont toujours populaires chez les collectionneurs et pour conserver de l'or. Tout comme l'équivalent français, le *Napoléon III* en or.

1870

Création de la Deutsche Bank, afin d'aider le **développement international d'entreprises industrielles**, notamment **Siemens**. L'un des fondateurs de la Deutsche Bank est Georg Siemens, un petit cousin du fondateur de l'entreprise électrique Siemens.

1871

Le célèbre banquier **JP Morgan** crée sa banque. Il est également très actif dans le **développement industriel, acier, électricité, chemin de fer** et **compagnie maritime**. Il est ainsi indirectement le propriétaire du Titanic.

JP Morgan avait un billet pour le voyage inaugural du Titanic, mais il l'a annulé en dernière minute.

On retrouve ensuite JP Morgan dans les personnes qui ont imaginé la FED, lors de réunions privées au club de *Jekyll Island*. Il meurt en mars 1913 et la FED est créée le 22 décembre 1913. (Sa banque est-elle un des propriétaires de la FED ?).

On retrouve aussi la banque JP Morgan lors de la création de la Banque de Règlements Internationaux en 1930.

1882

Fondation de la première Caisse du *Crédit Mutuel* sur le modèle de Raiffeisen, dans le village de La Wantzenau, en Alsace.

1885

Création de la *société de Crédit Agricole* de l'arrondissement de Poligny à Salins dans le Jura français.

1901

Quand il achève la conquête de l'ile de Madagascar, le général français Galliéni **imprime une nouvelle monnaie et l'impose par un nouvel impôt** personnel : l'impôt moralisateur. L'objectif est de *mettre au travail les Malgaches jugés paresseux, car ils n'ont pas d'autre ambition que de subvenir à leurs besoins au prix d'un minimum d'effort.*

Un magnifique exemple de *l'astuce de Crésus.* La monnaie comme moyen de mise au travail d'une population au profit de celui qui crée la monnaie.

1907

Création de la **Banque Nationale Suisse** à la suite de la votation de 1891 qui interdit aux banques commerciales de faire leurs propres billets de banque et donne le monopole à l'État qui **peut** l'exercer au travers d'une banque centrale.

Entre 1891 et 1907, le débat fait rage. Faut-il créer une banque d'État publique ou une banque privée ?

Le choix se porte sur **une société anonyme cotée en bourse** dont les statuts sont une loi écrite par le parlement.

Le choix d'une organisation de droit privé se justifie pour protéger l'or de la BNS d'un vol. En cas d'invasion militaire d'un pays. La spoliation de l'état vaincu est monnaie courante. Alors que le droit privé est mieux reconnu internationalement pour protéger ses possessions.

22 décembre 1911

Création de la *Banque du Commonwealth d'Australie.*

Dans les années 1890, de nombreuses banques et société de construction font faillite en Australie. Pour les élections de 1908, **le parti du travail australien base son programme sur la création d'une banque afin de fournir des services financiers surs et bon marché.**

C'est ainsi que la *Commonwealth Bank* est créée par le *Commonwealth Bank Act 1911* du gouvernement du Premier ministre *Andrew Fisher.* Elle est la première banque australienne à **avoir la garantie d'État.**

Cette banque opère comme banque commerciale, mais également comme banque d'État. Ce n'est pas à proprement parler une banque centrale, car, conformément au *Australian Notes Act 1910*, elle n'émet de pas de billets de banque, ce privilège est réservé au *Treasury of Australia.*

Cependant la *Commonwealth Bank* est la banque qui fournit des services financiers à l'état et parfois même à taux 0 %, comme pour les AU $ 700 millions de crédit de financement de la 1ère guerre mondiale.

Le premier gouverneur de la banque est *Sir Denison Miller*. Au moment de la création de la banque, il demande au principal architecte et promoteur de ce projet, l'homme d'affaires et politicien *King O'Malley*, **comment est-ce qu'il va trouver le capital de la banque ?**

King O'Malley lui répond : *Quel capital ? Je n'ai pas besoin de capitaux, mon capital est la richesse et le crédit de toute l'Australie.*

King O'Malley avait découvert le système de réserve fractionnaire quand il travaillait dans la banque de son oncle à New York dans les années 1880.

- *Les crédits font les dépôts et pas le contraire.*

La banque fait crédit au gouvernement australien à un taux de 0,666 % par an.

Pendant les 12 premières années, **le gouvernement australien réalise grâce à la banque, des investissements dans de nombreuses infrastructures**, barrages, chemin de fer, centrales électriques, usines à gaz, ports, routes, tramways, navires à vapeur pour l'exportation de laine australienne dont la production est aussi financée par la banque.

On verra plus tard que cette abondance monétaire ne plait pas à tout le monde.

1913

Création de la FED, la réserve fédérale, soit la banque centrale des USA. La même année mise en place de l'impôt sur le revenu.

C'est l'application parfaite de *l'astuce de Crésus,* comme je l'appelle. Que ce soit voulu ou non, on a une conjonction entre une nouvelle entité qui crée de la monnaie et une loi qui impose l'utilisation de cette monnaie.

La création de *LA banque* aux USA est une histoire à elle toute seule, avec de nombreux rebondissements. Voici un résumé de ce qui est déjà mentionné plus haut.

En 1791, le gouvernement des USA crée la *First Bank of the United States* chargée de l'émission de la nouvelle monnaie américaine et de la régulation du crédit. Le président **Thomas Jefferson s'oppose à la banque. Elle est fermée en 1811.**

En 1816, après la seconde guerre contre les Britanniques, **la banque revient avec la *Second Bank of the United States*** surtout pour mettre fin à l'inflation galopante consécutive à la guerre de 1812.

En 1832, le président des USA, Andrew Jackson met son véto au renouvèlement du mandat de la *Second Bank*. Puis en 1835 il rembourse l'intégralité de la dette des

USA afin de se libérer de toute banque. Son programme politique était *Non à la banque.* Il a dit que sa plus grande action politique était d'avoir *tué la banque.*

En 1913, LA banque est de retour. Le 23 décembre le projet de Paul Warburg, conçu *au club sélect de Jekyll Island,* est voté par le congrès des USA par 43 voix pour, 25 contre, 27 abstentions et 5 absents.

Ironie du sort pour les opposants à la banque, depuis 1928, Thomas Jefferson a son portrait sur les billets de 2 dollars, et Andrew Jackson a son portrait sur les billets de 20 dollars $.

En 2016, le président Obama a lancé un projet pour remplacer Jackson par l'ancienne esclave noire et militante féministe Harriet Tubman.

Le billet devait être publié en 2020, mais le président Trump, admirateur de Jackson et lui aussi opposant à la FED, a repoussé le changement de ce billet pour 2028.

Cependant, dès son arrivée en janvier 2021, le président Biden a relancé le projet du changement de billet.

On dirait bien qu'il y a du karma entre Jackson et LA banque.

1916

Silvio Gesell mention la **monnaie fondante** dans son livre : L'Ordre économique naturel. Il compare la circulation monétaire à la circulation sanguine.

Si le sang stagne, ça crée des caillots de sang néfastes à tout l'organisme. Si la monnaie stagne (*en étant capitalisée par exemple*) c'est néfaste pour tous. Faire fondre la monnaie permet de faire circuler plus vite la monnaie.

1920

Le mouvement du **Crédit Social** basé sur les théories de l'écossais Clifford Douglas prend de l'ampleur. De nos jours le mouvement est porté par les pèlerins de Saint-Michel fondé par Louis Even.

L'idée est de distribuer à chaque personne d'une zone économique un Dividende Universel chaque année. Ce dividende est proportionnel à la croissance des biens et services et inversement proportionnel au nombre de personne de la zone monétaire concernée.

Cette distribution de monnaie a pour but d'anticiper le besoin de financement de nouvelles productions et de son achat.

1923

La république de Weimar, en Allemagne, vit le sommet d'une hyperinflation. (Entre 1921 et 1924). Elle sera jugulée par Hjalmar Schacht en créant le Rentenmark, puis le Reichsmark.

Durant la seule année 1923, la valeur du Mark est divisée par 100 millions. Le papier a davantage de valeur que ce qu'il représente.

L'avantage d'une hyperinflation, c'est que toute dette est rapidement annulée.

1924

En Australie, sous le gouvernement du Premier ministre Stanley Bruce, **une loi passe qui interdit à la *Banque du Commonwealth d'Australie*, de financer l'État sans intérêt.** C'est la volonté du ministre du Trésor et leader du *Country Party*, *Earle Page*.

Il a le soutien de ses électeurs qui sont pour la plupart **des agriculteurs subissant une baisse des prix de leurs produits d'exportation à cause de la dévaluation de la monnaie australienne depuis l'abandon de l'étalon or**, durant la Première Guerre mondiale.

En mars 1925, le gouvernement australien décide de **revenir à l'étalon or.**

Puis, un emprunt de £ 230 millions est contracté à La *City de Londres*. C'est la fin d'une période de prospérité pour entrer dans celle du budget déficitaire, et de la dette publique en main étrangère.

1929

Le Krach boursier de septembre 1929 marque le début de la grande dépression des années 1930.

1930

La **Banque de Règlements Internationaux** est créée en extraterritorialité à Bâle en Suisse, par un groupement de banques centrales.

Elle a pour mission de faciliter le paiement des règlements des réparations de guerre imposées à l'Allemagne par le traité de Versailles après la 1ère guerre mondiale.

La BRI est ensuite devenue la banque des banques centrales. En anglais cette banque s'appelle : **Bank for International Settlements** (**BIS**). Le mot *Settlements* a plusieurs sens, notamment celui de colonisation ! Un indice sur son vrai rôle ? En tout cas elle a colonisé un bout du territoire suisse.

1929-1933

Premier plan quinquennal de l'URSS qui met en place les bases du complexe militaro-industriel russe.

En pleine crise du monde capitaliste, les communistes montrent qu'en 5 ans il est possible de passer de la 5ème place à la 2ème place des pays industrialisés et de tripler le nombre d'ouvriers. Mais avec tout de même une famine en 1932-33.

1932-1933

Expérience de **Wörgl** :

Sous l'impulsion de son bourgmestre Michael Unterguggenberger, la commune autrichienne de Wörgl émet sa propre "monnaie".

Officiellement ce n'est pas une monnaie, mais des "certificats de travail" afin de contourner la loi sur le monopole de la monnaie.

La mise en place de ce système s'inspire des théories de Silvio Gesell, notamment de la **monnaie fondante** *(1 % mensuel)*.

Il y a de la main-d'œuvre. Il y a du travail potentiel. La seule chose qui manque c'est la monnaie pour payer

les personnes qui effectuent le travail. Donc il suffit de créer de la monnaie pour résoudre tous les problèmes.

Durant cette émission de "monnaie", à Wörgl, le chômage diminue de 25 % alors que dans la même période, il augmente de 20 % partout ailleurs en Autriche.

L'expérience s'arrête quand la banque centrale fait interdire cette monnaie.

Monnaie locale fondante de Wörgl avec les timbres à payer pour prolonger la validité du billet

1933

Le gouvernement chinois introduit une pièce en argent pour remplacer le **scyee** (细丝 = *de la fine soie !!!*), un lingot d'argent évalué en Tael – un mot malais qui signifie *poids* – en chinois simplifié 两 et se prononce *liǎng* en mandarin.

Ce type de lingot d'argent était utilisé couramment comme moyen de paiement depuis la dynastie Ming. Mais avec l'inconvénient de devoir le peser à chaque transaction.

1933-1939

Les **Bons MEFO** sont des obligations d'une entreprise fictive — *Metallurgische Forschungsgesellschaft* — mise en place en Allemagne par Hjalmar Schacht le président de la Reichsbank.

L'objectif est d'augmenter la masse monétaire allemande (~40 %) sans augmenter la dette tout en contenant l'inflation.

Ces bons sont convertibles en reichsmark et garantis par l'État. **L'Allemagne nazie a utilisé avec succès ce moyen pour atteindre le plein emploi et financer discrètement son réarmement.**

Ce système permet de contourner le système de change international. L'émission de bons MEFO est proportionnelle à la quantité de biens produits, ce qui jugule l'inflation.

1934

Création de la Banque WIR en Suisse. Inspiré par les théories de Silvio Gesell. Le "Franc WIR" est une monnaie utilisable dans un réseau de ~60 000 entreprises.

Le Franc WIR n'est pas convertible en Franc suisse. Depuis 1948, le WIR n'est plus une *monnaie fondante*, et depuis 1952 le modèle de *monnaie franche* – aussi appelée "économie libre" – de Silvio Gesell a été abandonné, ouvrant la porte au crédit avec intérêt.

1934

Dépréciation de 40 % du dollar US par rapport à l'once d'or par le président Roosevelt.

On passe d'une once d'or (1 oz = 31,1 g) valant 20,67 $ à une once valant 35 $

Ce prix sera le même jusqu'au 15 aout 1971.

Pour info, en octobre 2015 l'once d'or vaut 1111 $, puis en avril 2022, une once d'or vaut 1947 $ et en avril 2025 le cours de l'once se situe à 3227 $. La cotation devient exponentielle.

Juillet 1944

À la fin de la 2ème guerre mondiale, les vainqueurs en devenir dessinent les grandes lignes d'un **nouveau système monétaire international**. On parle du système de **Bretton Woods** .

Parmi les 730 personnes représentant les 44 nations alliées. Les principaux protagonistes de ces accords sont les Anglais menés par John Maynard Keynes et Harry Dexter White, représentant du Trésor des USA.

Keynes avait élaboré un plan basé sur une sorte de crédit mutuel international appelé le bancor qui sert de monnaie de réserve et d'échange entre les nations et leur devise respectives.

C'est finalement le projet des USA qui l'emportent, marquant ainsi le passage du *leadership* mondial des Anglais aux Américains.

Le système de Bretton Woods se base sur le dollar US comme monnaie de réserve mondiale. Le dollar est convertible en or à la demande.

Le taux fixe du moment est défini à *1 once d'or = 35$*

Le taux de change entre les différentes devises des pays est défini de manière fixe. Le FMI est créé pour s'assurer qu'aucune manipulation n'est faite dans les taux de change.

1945-1946

Hyperinflation du pengő en Hongrie. C'est le cas d'hyperinflation le plus fort de l'histoire en termes de perte de la valeur de la monnaie. Le forint a été réintroduit au 1er aout 1946 en remplacement du pengő, au taux de 1 forint = $4{\times}10^{29}$ (quatre-cents quadrillards) pengő. Le plus gros billet était de 100 000 000 000 000 000 000 (10^{20}) pengő ! (100 millions de mille-milliards !!)

1945

En, France, le Conseil national de la Résistance obtient la **nationalisation de la Banque de France**, du Crédit lyonnais, de la Société Générale et d'une dizaine d'autres banques.

1945

Création du Franc CFA. *Colonie Française d'Afrique* renommé en *Communauté française d'Afrique* puis en *Communauté Financière d'Afrique* ou *Coopération Financière en Afrique*.

Tous ces changements d'acronymes en disent long sur la vision changeante de la fonction de cette monnaie.

Juin 1948

Währungsreform. En Allemagne de l'Ouest, le reichsmark est remplacé par le Deutsche Mark.

L'annonce est faite le 20 juin 1948 et les Allemands ont du 21 au 26 juin pour changer leurs Marks. Le taux est de 1:1 pour les 40 premiers reichsmarks, puis de 10:1 pour les suivants.

1958

Création de la **carte de Crédit VISA** sous le nom de BankAmericard. Les Californiens peuvent acheter à crédit très facilement. En 1977 le nom devient VISA pour s'internationaliser.

Le 4 juin 1963

Le président des USA, John F. Kennedy, autorise par *le décret exécutif 11110*, l'émission de nouveaux *United States Notes* — les *greenback* émis en 1861 par Lincoln — adossées aux réserves d'argent du gouvernement fédéral. 4 milliards de dollars en petites coupures sont émis, sans dette et sans passer par la FED.

Le 22 novembre 1963, Kennedy est assassiné.

En mars 1964, les émissions de ce type de monnaie cessent.

1965

Le président français, le général Charles de Gaulle n'est pas satisfait du *privilège exorbitant* des USA, selon la formule qu'il a empruntée à l'économiste Jacques Rueff. Ce privilège c'est celui d'avoir le dollars US — une monnaie nationale — comme monnaie de réserve mondiale. Ainsi de Gaulle mène une politique de conversion des dollars en main française pour de l'or physique.

Le point culminant de cette politique est l'envoi de la marine française à New York pour aller chercher 150 millions de dollars en or.

Cette politique de conversion en or, suivie par d'autres pays, va gentiment pousser les USA à rompre les accords de Bretton Woods et ne plus assurer la conversion en or.

1966

La **MasterCard** est créée pour concurrencer la BankAmericard.

1967

Installation des premiers Guichets automatiques bancaires. Aussi connus sous le nom de *Bancomat*, *Bancontact* ou *Gabier*, à la Réunion.

En anglais on parle de *Automated Teller Machine*, le terme d'ATM désigne donc une machine qui permet d'obtenir des billets de banque. Bien que des essais n'ayant pas eu de succès ont été réalisés à NewYork en 1961, **le premier distributeur automatique de billets a été installé en juin 1967 à Londres.**

En novembre 1967, le Bancomat fait son apparition à Zürich et en 1968 à Paris.

Les premiers modèles permettent de retirer un nombre limité de fois, un montant assez faible en billet. Puis il faut se procurer une nouvelle carte.

Par exemple le premier Bancomat de Zürich permet d'obtenir 10 fois un montant de maximum CHF 200.-

La carte à puce n'a été inventée qu'en 1974. Puis les distributeurs de billets sont devenus des guichets automatiques complets permettant d'effectuer toutes les opérations bancaires.

1968

Création du *prix de la Banque de Suède en sciences économiques en mémoire d'Alfred Nobel*, communément surnommé « prix Nobel d'économie » même s'il n'a pas été créé par Alfred Nobel. Ce prix a été créé à l'occasion des 300 ans de la banque de Suède.

1968

À la suite des grèves générales de mai 68 en France. Les accords de Grenelle concluent à une augmentation de 35 % du SMIG à 600 francs par mois et de 10 % en moyenne des salaires.

8 aout 1969

Le Premier ministre français dévalue de 11,1 % le franc.

On observe ainsi un mécanisme *(conscient ou non ?)* de résolution de crise politique.

Augmentation de 10 % des salaires et dévaluation de 11 % de la monnaie. Donc réinitialisation du pouvoir d'achat tout en ayant cédé aux demandes.

1969

Création des DTS, les Droits de Tirage Spéciaux du FMI. Un instrument financier qui remplace l'or physique pour les transactions entre états membres du FMI.

Les DTS sont basés sur un panier de monnaie. Ce n'est pas le Bancor que Keynes avait imaginé, mais ça va dans ce sens, c'est une monnaie de réserve de valeur entre pays.

15 aout 1971

Le président des USA, Richard Nixon, annonce la **non-convertibilité en or du dollar US $**. C'est la fin du système de Bretton Woods.

Il faut bien payer la guerre du Viêt-nam par la planche à billets ! Depuis, les taux de changes entre les différentes devises internationales sont flottants.

3 janvier 1973

Première étape de **l'interdiction pour l'État français de se financer avec sa propre monnaie**. Il doit maintenant demander des crédits soumis à intérêt auprès des banques commerciales.

Ce n'est que la formalisation légale d'une pratique initiée quelques années plus tôt par le jeune inspecteur des finances Jean-Yves Haberer qui voulait démanteler le circuit du Trésor. Voir à ce propos la thèse de Benjamin Lemoine.

Ce principe sera **repris dans le traité de Maastricht art 104**, **puis l'article 123 du Traité de Lisbonne sur** le Fonctionnement de l'UE.

L'emprunt Giscard la même année, indexé sur l'or a été ruineux. C'est 6,5 milliards qui ont été empruntés à 15 ans et 90 milliards remboursés !

C'est le début pour la France d'une politique de budget déficitaire financée par un roulement de crédits bancaires.

Juin-juillet 1974

Malgré l'abandon de la convertibilité en or du dollar, la domination du dollar comme monnaie mondiale continue grâce aux accords que les USA font avec les pays producteurs de pétrole pour qu'ils vendent en dollar. C'est la naissance du pétrodollar.

C'est une enquête de Bloomberg en 2016 qui confirme **qu'un accord secret entre les USA et l'Arabie Saoudite a été signé pour garantir la protection militaire de la famille Al-Saoud et son royaume en échange de la vente**

de pétrole uniquement en dollars et de l'investissement des bénéfices dans les bons du trésor des USA.

8 janvier 1976

Les accords de la Jamaïque mettent officiellement un terme aux accords de Bretton Woods. C'est la fin de la parité or du dollar et la légalisation des taux de changes flottants entre les devises.

1977

Le *Foreign Corrupt Practice Act* (FCPA), adopté en 1977. C'est une loi fédérale des USA qui vise à lutter contre la corruption dans les transactions internationales.

Cette loi fait partie des dispositions du droit américain qui s'applique en dehors de ses frontières à des personnes physiques et morales. On parle d'**extraterritorialité** du droit américain.

C'est une capacité que s'est donnée unilatéralement le gouvernement des USA pour étendre son droit hors des USA sur la base d'un lien parfois ténu.

Le lien est souvent le fait qu'une transaction financière s'est faite en dollar US. D'où le fait que j'en parle ici. La monnaie est aussi un outil d'expansion de son droit.

Je profite de l'occasion pour une info supplémentaire, avec le CLOUD act, l'extraterritorialité du droit des USA s'étend encore, notamment via l'usage de plateformes informatiques qui appartiennent à des sociétés basées aux USA.

Donc par exemple le simple envoi d'un e-mail en utilisant une boite @gmail.com permet au gouvernement des USA d'obtenir toutes les données et également d'appliquer son droit en extraterritorialité.

Depuis 2008, on voit une augmentation massive de l'utilisation de ce droit d'extraterritorialité. Ce droit est également de plus en plus critiqué pour ses dérives. Il n'est plus un outil de lutte contre la corruption, mais **un outil de guerre économique.**

Entre 2010 et 2019, les entreprises françaises ont payé plus de 14 milliards de dollars à la justice américaine. Il y a par exemple **le cas de l'affaire Alstom.** Frédéric Pierucci, un cadre d'Alstom, s'est retrouvé arrêté par le FBI et emprisonné.

En très bref, c'est se basant sur un soupçon de corruption de fonctionnaire en Indonésie, via une transaction en dollar, par cette entreprise française, que ce cadre a été arrêté. Il a été libéré la semaine où le gouvernement français a accepté la vente du département énergie d'Alstom à l'entreprise américaine General Electric.

Pierucci dénonce la machination dont il a été la victime pour forcer la vente aux USA du département d'Alstom qui fabrique, entre autres, les turbines des sous-marins nucléaires français.

En 2020, en Suisse il y a également l'histoire d'un paiement qui est refusé par la banque, car il a le libellé suivant : *Livre Iran Merci !*

L'Iran est sous embargo des USA. Pour éviter de devoir payer des amendes, les banques filtrent les paiements. Le filtre n'a pas l'air efficace, vu qu'il n'a même pas vu que le paiement restait en Suisse.

Ce qu'il faut retenir c'est que la monnaie est un moyen d'étendre son influence juridique.

1977

Mise en place du réseau informatique interbancaire **SWIFT**, une coopérative belge qui appartient à de nombreuses grosses banques dans le monde entier. SWIFT relie 10 000 institutions bancaires et sociétés financières dans 205 pays.

1994

Dévaluation de 50 % du franc CFA par rapport au franc français et à toutes les monnaies, ce qui divise par deux le cout des matières premières africaines.

1994

Création du premier SEL de France en Ariège. SEL = **Système d'Échange Local**. Il s'agit d'un crédit mutuel entre individus d'une communauté.

1996

Procès contre 3 personnes du SEL d'Ariège pour avoir fait du "travail clandestin, hors-taxe". Les SEL sont tolérés par l'administration fiscale tant que l'échange reste de l'ordre du "coup de main". Si l'échange est régulier, il est soumis à l'impôt.

1998

Création de la Banque Centrale Européenne pour gérer l'Euro. Cette banque centrale ne crée pas de monnaie. C'est le réseau des 19 banques centrales de la zone euro qui continue de créer de la monnaie, mais sous le contrôle de la BCE.

Chaque € mis en circulation dans toute la zone euro a sa contrepartie dans le bilan de la banque centrale qui l'a émis. Ceci avec une dette qui n'est pas jugée équivalente selon les pays !!

Ça pose pas un souci de déséquilibre structurel ça ?

À voir sur le solde du système interbancaire TARGET2. La balance commerciale ne suffit pas pour expliquer tous ces déséquilibres.

1998

Création de PayPal pour faciliter les paiements sur Internet.

2000

La **Monnaie Locale Complémentaire** "*Banco Palmas*" commence à circuler au Brésil dans un quartier pauvre proche de Fortaleza. Cette monnaie est un succès. Elle dynamise l'économie locale tout en ne touchant pas à la monnaie officielle sur laquelle elle est nantie. En effet, quand on crée une monnaie locale nantie, à partir d'un seul billet, on en fait deux !

Dans le cas de la Banco Palmas, un fonds est récolté en monnaie officielle pour réaliser la construction d'une école. Ce fonds a été transformé en monnaie locale pour payer la construction.

Seulement 30 % de la somme du fond initial en monnaie officielle est prélevé pour payer ce que la communauté locale ne peut fournir. On a ainsi un puissant effet de levier. La banco palmas propose également du micro-crédit en monnaie locale.

Septembre 2000

Le président de l'Irak, **Saddam Hussein, décide que les contrats de vente du pétrole irakien seront désormais libellés dans d'autres devises que le dollar US, notamment l'euro.**

C'est une remise en cause de l'hégémonie du pétrodollar des USA.

Des politologues comme William Clark, de la John Hopkins University, pensent que c'est un des motifs de l'invasion de l'Irak en 2003.

En effet, dans la foulée de cette annonce, la Jordanie s'est mise à acheter du pétrole irakien en euro.

L'Iran, l'Algérie, la Libye ont annoncé vouloir suivre le mouvement. Le Venezuela aussi veut se libérer du pétrodollar.

La Russie également augmente ses réserves en euro pour commercer son pétrole en euro.

2004

Interdiction pour la Confédération suisse de se financer via sa banque centrale sans intérêt. Elle doit maintenant se financer par des crédits soumis à intérêt via les banques commerciales.

Ce n'est que la formalisation de la pratique ancrée depuis beaucoup plus longtemps. C'est le conseiller fédéral Kaspar Viliger qui a fait formaliser cette loi.

Juste après son mandat au gouvernement suisse, il a été nommé président du conseil d'administration de UBS, la plus grande banque du pays !

2004

Le groupe chinois Alibaba créer Alipay, le PayPal chinois. Alipay propose aux vendeurs un QrCode pour faciliter le paiement par téléphone mobile.

2006

Google veut concurrencer PayPal avec Google Checkout. Ça ne prend pas. Le service deviendra Google Wallet en 2011.

2007

Lancement du système de paiement **M-Pesa** au Kenya et en Tanzanie. (M pour mobile et pesa, argent en swahili)

C'est le premier des **systèmes officiels de paiement par téléphone mobile, également appelé *mobile money*.** Ce genre de système de paiement est très largement répandu en Afrique. Alors qu'on estime à seulement 20 % de la population qui détient un compte bancaire.

Avec l'arrivée de la téléphonie mobile à prépaiement, c'est tout naturellement que les gens ont utilisé comme monnaie les crédits de téléphonie mobile.

Sur la base de cette observation par des ONG, la proposition a été faite à des opérateurs de téléphonie mobile d'officialiser la pratique et de la développer. C'est ainsi que Vodaphone a lancé M-Pesa.

En 2019, on comptait plus de 135 services de mobile money en Afrique et 340 millions de comptes. Par exemple : Mtn mobile money, Orange money, Moov money, Airtel mobile money, etc

D'une manière générale, sur le continent africain, le crédit est peu présent, les abonnements non plus. Tout se paie en prépaiement, l'eau, le gaz, l'électricité, etc...

2007

Suite à l'espionnage illégal des transactions bancaires du réseau SWIFT par les USA depuis 2001. Les pays européens décident de ne plus sauvegarder leurs données aux USA. Un nouveau datacenter est construit en 2009 en Suisse à Diessenhofen.

2007

Éclatement de la bulle de *la crise des subprimes.*

Ou **comment faire croire à des NINJA, des gens sans revenu, sans fortune, sans job qu'ils peuvent acheter une maison à crédit**, et ne rien risquer, car le marché immobilier est à la hausse.

- Je suis pas fou, j'ai pas les moyens d'acheter une maison...
- Si, faut juste payer les intérêts régulièrement et la valeur de la maison augmente tellement que vous aurez de quoi payer le crédit en revendant la maison en cas de pépin...

Puis **la FED relève les taux directeurs des intérêts bancaires**. Certains sentent le vent tourner. Ils vendent leur maison et le marché immobilier passe à la baisse selon la loi de l'offre et la demande.

Le plan en cas de pépin ne marche que pour les premiers qui vendent. Pour les autres c'est la faillite. Des milliers de maisons sont à vendre, la spirale infernale s'enclenche.

Comme une dette est un avoir vu de l'autre côté. Des milliards se volatilisent quand on découvre que ce sont des NINJA qui doivent rembourser ces dettes.

Les agences de notation ont aussi joué leur rôle en utilisant des astuces pour mélanger et titrisé des crédits pourris en les faisant passer pour plus sains qu'ils le ne sont vraiment.

Tous ces crédits pourris titrisés, des *subprimes*, ne valent plus rien.

Le film *The Big Short : Le Casse du siècle* est un bon point de vue sur ce qui a pu se passer. Tout en ayant visionné au préalable la vidéo *The big short (le film)* : *Clés de lecture* sur la chaine YouTube Heu?reka.

2008

La crise des *subprimes* se propage dans la sphère financière entière. Notamment à cause d'outils d'assurance comme les CDS le *credit default swap* ou couverture de défaillance, un outil inventé par Blythe Masters.

Cette contagion de la crise des *subprimes* en **crise globale financière et bancaire** entraine de nombreuses faillites bancaires. C'est le cas de Lehman Brothers qui n'est pas sauvé.

UBS est sauvée par la Banque Nationale Suisse avec caution de l'État suisse. Et Credit Suisse se sauve en "se prêtant à soi-même" CHF 10 milliards, via le Qatar.

Il semble qu'une opération du même style a été effectuée par la banque Barclays.

17 septembre 2008

Deux jours après la chute de la banque d'affaires Lehman Brothers, Enric Duran — surnommé le *Robin des banques* — annonce publiquement avoir escroqué 39 banques pour un montant de 492 000 euros dans le but de dénoncer le système capitaliste qualifié de *prédateur*.

Entre 2007 et 2008, cet espagnol a demandé à 39 banques des petits crédits. *J'aimerais rénover ma cuisine. J'ai besoin d'une moto. Je démarre une nouvelle entreprise.*

Puis il a annoncé qu'il ne remboursera pas ces crédits. Il les a investis **pour financer des associations et mouvements sociaux anticapitalistes et alternatifs.** De nombreux mouvements, médias et initiatives émergent les années suivantes grâce à ce financement. Comme par exemple le journal *Crisi* la coopérative Intégrale Catalane, la banque des communs, la cryptomonnaie FairCoin. (en 2014)

2009

Apparition du **Bitcoin, une cryptomonnaie** basée sur une blockchain.

`The Times 03/Jan/2009 Chancellor on brink of second bailout for banks`

Une *blockchain* est une base de données qui contient toutes les transactions effectuées. Elle est structurée sous forme de blocs qui sont chainés sans qu'on puisse modifier le passé.

Les nouvelles transactions sont ajoutées à la blockchain par des nœuds du réseau. Leur travail est de **valider la cohérence des transactions** conformément au protocole défini.

Ce travail est **rémunéré par la création de nouveaux bitcoins**. On parle de *mining*, en référence au travail des mineurs qui vont chercher de l'or pour faire de nouvelles pièces de monnaie.

C'est le premier nœud qui fournit une preuve de travail qui emporte la rémunération et peut ajouter son bloc à la suite de la chaine.

La preuve de travail est un *hash* — une chaine de caractère issue d'une fonction mathématique à sens unique — qui commence par un certain nombre de 0, ce qui demande potentiellement ~200 milliards d'essais pour arriver à un hash qui correspond aux critères requis. Donc la création d'un *hash* valide est une dépense de beaucoup d'énergie.

La sécurité de la blockchain tient par le fait que **celui qui veut tricher** et imposer sa propre version de la blockchain **doit dépenser exponentiellement plus d'énergie** qu'il en a déjà été dépensé pour créer les données. Donc ce n'est pas rentable de tricher. C'est ce lien de preuve par le travail qui lie la sécurité du bitcoin à la monnaie de l'univers : l'énergie.

Il faut tout de même s'assurer qu'un seul acteur ne détienne pas la majorité de la puissance de calcul. (51 %)

Il y a, environ 18 000 nœuds en fonction en 2024 (15 000 en 2022, 8000 en 2019). Chacun détient une copie de la blockchain. **N'importe qui peut créer un nouveau nœud.** Il lui suffit de faire tourner un nœud qui respecte le protocole commun.

La gouvernance de cette monnaie est totalement décentralisée. Tant qu'il y a des nœuds qui appliquent le protocole, **personne ne peut l'arrêter**. Il n'y a pas de tête centralisée qu'on peut couper.

Il n'y a pas de fondateur avec des privilèges supérieurs. Le fondateur mythique du bitcoin est Satochi Nakamoto. C'est un pseudonyme et l'identité de cet auteur ou de l'équipe d'auteurs n'a jamais été dévoilée.

2009

Mouammar Kadhafi, le dirigeant libyen, est élu à la présidence de l'Union Africaine. Il profite de cette année présidentielle pour faire avancer son projet de **Dinar-Or**, une monnaie panafricaine, comme alternative au franc CFA. De plus, **le Dinar or est proposé comme alternative au dollar pour la vente de pétrole.**

C'est une attaque contre le pétrodollar.

Selon l'économiste, écrivain et journaliste F. William Engdahl, ce projet de Dinar or a reçu **les éloges du président tunisien Ben Ali, et du président égyptien Mubarak.**

Ces derniers ont été renversés en 2011 dans le contexte des printemps arabes, tout comme Kadhafi.

Mais en ce qui concerne Kadhafi l'histoire est plus complexe. Wikileaks a publié les e-mails des serveurs illégaux de Hillary Clinton.

Dans un e-mail daté du 2 avril 2011, on découvre que Sid Blumenthal, un collaborateur d'Hillary Clinton, lui indique

que **Kadhafi a fait déplacer 143 tonnes d'or et une quantité similaire d'argent, vers la frontière avec le Niger et
le Tchad.**

Ce trésor évalué à 7 milliards de dollars est destiné à garantir le dinar or.

Blumenthal ajoute que la création de cette monnaie panafricaine, basée sur l'or, est une des motivations du président
français Nicolas Sarkozy d'engager la France dans l'attaque de la Libye.

2010

Galuel publie la Théorie Relative de la Monnaie qui vise à
faire **un étalon de mesure de valeur invariable dans le
temps et l'espace.** Les libertés de base d'une monnaie
libre sont posées.

Le système monétaire dominant est flou. Son fonctionnement n'est clairement documenté. **La majorité de la monnaie étant issue du crédit bancaire, ce système favorise
les gens qui sont proches des banques** — géographi-
quement et socialement —. De plus **le crédit permet
d'avoir tout de suite de la nouvelle monnaie qui sera
payée plus tard.** Donc ce système favorise les premiers
entrants.

Une monnaie libre doit mettre ses utilisateurs sur un pied d'égalité. Ainsi la solution proposée par Galuel et de donner périodiquement un *Dividende Universel*. Ce qui a pour effet d'assure l'égalité spatiotemporelle face à l'unité de mesure qu'est la monnaie.

La théorie est mise en pratique en 2017, lors de la création de la monnaie Ğ1.

Vers 2010

Le Système Monétaire Équilibré vise à montrer les différents paramètres qui sont présents dans tous les systèmes économiques et monétaires. Ceci afin de **comprendre les référentiels en jeu et ses conséquences.**

Un **transfert économique** est défini par les paramètres suivants :

- qui exporte (fournit)
- qui importe (reçoit)
- ce qui est transféré
- libellé, données complémentaires de description
- de la valeur (*juste un nombre… pas le jugement*)
- le référentiel dans lequel est exprimé la valeur. (*Origine, sens et échelle*)

L'observation des paramètres sous des points de vue différents nous montre par exemple que les banquiers empochent sur les crédits qui n'est d'autre que l'équivalent d'un revenu de base inconditionnel dans un autre référentiel.

La connaissance de ces paramètres fondamentaux **permet d'imaginer de nouvelles formes de systèmes économiques** et monnaies.

C'est l'exercice que j'ai fait avec **le Kong, une monnaie de singe** 🐒. C'est une forme de crédit mutuel fondant, qui offre un crédit à l'entrée du système et garanti une forme de revenu de base.

2013

Le Vatican est déconnecté du réseau SWIFT pendant 39 jours. La reconnexion_au travers de la société suisse Aduno se fait_le lendemain de l'annonce de la **démission du pape Benoit XVI.**

Cette déconnexion est de la volonté de la Banque d'Italie. Le motif est encore flou. Certains parlent d'absence d'autorisation d'utilisation de terminaux de paiement fourni par une banque allemande, d'autres de soupçon de blanchiment d'argent par la banque du Vatican ou encore de récupérer l'or du Vatican.

2014

La France se dote d'une loi sur les Monnaies Locales Complémentaires. En réaction à la création de nombreuses MLC dans les années 2010.

2014

Apple crée Apple Pay pour payer avec son iPhone.

2015

Samsung crée Samsung Pay pour payer avec son Smartphone.

2015

Les banques suisses craignent que les grands acteurs de l'Internet et du smartphone leur piquent le trafic de paiement. Ainsi ils créent **Twint** — *qui fusionne avec Paymint* — pour être les premiers à proposer en Suisse une solution de paiement via smartphone.

30 juillet 2015

Création d'**Ethereum**, un nouveau type de cryptomonnaie. Le protocole permet la création et l'enregistrement dans une blockchain de contrats intelligents.

Là où le bitcoin est juste une monnaie. Ethereum est une monnaie l'**ether**, ainsi qu'une plateforme de développement de contrats de tous types. Donc d'autres types de monnaies, mais aussi de services variés (DAO, NFT, etc...)

Le fait d'avoir inclus un langage de programmation Turing-Complet, permet de tout faire. Mais ouvre aussi la porte à des failles de sécurité dans le code.

En juillet 2016, c'est ainsi que le fonds d'investissement TheDao a été piraté. Une nouvelle version de la blockchain a été adoptée pour "effacer" le piratage.

Cependant tous les nœuds n'ont pas accepté cette prise de pouvoir centralisée. La confiance a été ébranlée pour certains et deux versions de la blockchain cohabitent (*Hard fork*).

C'est le prix à payer pour l'énorme potentiel de possibilités offert par Ethereum qui révolutionne le domaine des cryptomonnaies.

2016

L'entreprise chinoise Tencent, ajoute le moyen de paiement WeChat pay, dans sa messagerie WeChat. Ceci afin de concurrencer Alipay. C'est chose faite en 2019 où WeChat pay a 800 millions d'utilisateurs contre 500 millions pour Alipay.

Les frais de transaction sont simples. Chaque utilisateur a droit à effectuer des transactions gratuitement jusqu'à hauteur de 1000 Yuan (~150$). Les transactions suivantes sont taxées à 0,1 % de frais avec un minimum de 0,1.

2016

Après plusieurs années d'opposition des USA, la Chine arrive a placer sa monnaie, le renminbi dans le panier des DTS, les Droits de Tirage Spéciaux du FMI ($,€,¥,¥,£).

C'est une sorte de monnaie de compensation qui existe entre les pays.

2017

Le 8 mars, lancement de la Ğ, une monnaie libre qui implémente la Théorie Relative de la Monnaie.

2018

Plusieurs banques centrales expérimentent les prémices des Monnaies Numériques de Banques Centrales.

Ce sont les projets *Stella* de la Banque du Japon et BCE, *Jasper* de la Banque du Canada, *Blockbaster* de la Banque fédérale d'Allemagne et bourse allemande, de *Ubin* de l'Autorité monétaire de Singapour, ainsi que le projet *Inthanon* de la Banque de Thaïlande réalisé en 2019.

Ces projets ont pour but de tester différentes manières de concevoir un système monétaire interbancaire, sur la base de jetons échangés sur des registres distribués (DLT) ou sur Blockchain.

Des paiements sont effectués en numéraire tokenisé, sur le marché des pensions de titres, mais aussi des obligations.

Mai 2018

Le Venezuela annonce la création de sa cryptomonnaie d'état, le "Petro". Ce nom est choisi pour refléter le fait que cette monnaie est adossée sur des réserves de pétrole.

« Ils ont dollarisé nos prix ; je pétroliserai les salaires et les prix », affirme Nicolas Maduro le président vénézuélien. *« Nous allons convertir le petro en une référence pour fixer tous les mouvements de l'économie »*.

2018

Création du *Lightning Network* afin d'**accélérer les transactions sur le réseau Bitcoin.**

Le protocole du bitcoin a des limitations en nombre de transactions par seconde. Le nombre de transactions par bloc est limité, et la validation d'un bloc prend une dizaine de minutes quand tout va bien. Mais il n'est pas rare d'avoir besoin d'une heure pour valider une transaction.

De plus il est possible de payer des frais de transaction pour se positionner en bonne place dans la liste d'attente. Ces frais peuvent être très variables. En 2021, on a une moyenne de frais de transaction qui passent de 50$ à 2,5$.

Ces limitations empêchent l'utilisation du Bitcoin comme moyen de paiement au quotidien. Personne ne va payer un café en bitcoin s'il faut 1 h d'attente pour valider le paiement et que le surcout est de 50$!

Le *Lightning Network* est une surcouche qui contourne la blockchain et ses limitations tout en s'y ancrant.

Par analogie, **je compare le *Lightning Network* au système de lettres de change des templiers qui est une surcouche au système de pièces de monnaie en or.**

Avec le *Lightning Network*, il devient possible d'acheter tous les jours un café ☕ en bitcoin. (Et ce n'est pas pour rien que je prends l'exemple du café, comme on le verra plus loin.)

Ainsi **le Bitcoin a le potentiel de devenir un vrai moyen de paiement en quotidien.**

2019

Facebook associé à un groupe de 28 acteurs (*Visa, Mastercard, PayPal, stripe, etc...*) actifs dans les cryptomonnaies, les cartes de crédit et les télécoms, annonce Libra, une cryptomonnaie gérée par cette association.

Cette monnaie est basée sur un panier de plusieurs devises afin d'assurer sa stabilité.

On sent que le vent change. Après les acteurs industriels et leurs banques commerciales par le crédit bancaire. Voici l'ère des gros acteurs de l'Internet et leur cryptomonnaie…

La capitalisation boursière des GAFAM a dépassé celles des industries. Nous sommes à l'ère de l'information. Il est normal que les gens de pouvoirs tentent d'imposer leur système monétaire.

Depuis les seigneurs de guerre inventeurs de la monnaie métallique, les marchands d'armes créateurs de banques centrales, et les industriels créateurs de banques commerciales, les dominants ont toujours également dominé la monnaie (en association avec les puissants du système précédents… sinon…).

Facebook est puissant, mais pas encore assez. En 2020 Facebook est contraint par la FINMA de revoir son idée de cryptomonnaie globale basée sur un panier de devises. Il faut segmenter le projet en plusieurs cryptomonnaies parallèles adossées à des devises plus "locales", $, €...

C'est le début de la fin de ce projet... On y reviendra.

2019

L'Italie imagine la création de Mini-Bots, des mini bons du Trésor en petites valeurs de 5 à 100€ comme alternative à l'euro.

12 mai 2020

Pavel Durov le fondateur de la messagerie Telegram annonce la **fin du projet TON**, *Telegram Open Network*, une plateforme d'applications décentralisée basée sur une technologie blockchain. Ainsi que de la cryptomonnaie Gram qui y était associée.

Pavel Durov évoque une sombre histoire juridique avec la SEC, le gendarme financier des USA. Cette histoire ressemble à un prétexte pour torpiller une application trop indépendante.

Pavel Durov a réussi à se mettre à dos le gouvernement russe pour n'avoir pas voulu donner les clés du réseau social VK qu'il a conçu. Il a été viré de sa propre entreprise. Avec le dédommagement qu'il a reçu, il a créé et financé l'application de messagerie Telegram basée à Berlin. Mais là Pavel Durov se met à dos le gouvernement des USA avec cette histoire de monnaie intégrée à Telegram.

Personnellement j'aurai tendance à avoir confiance dans un gars qui a réussi à se mettre à dos le gouvernement des USA et celui de Russie !

(Petit bon dans le futur pour la suite de l'histoire. En 2021 Pavel Durov reçoit la nationalité française pour service rendu et en 2024 se fait arrêter en France et accuser d'être responsable de terrorisme et de pédophilie à cause du contenu qui transite sur Telegram. Il se voit contraint de collaborer un peu plus avec les autorités pour censurer la plateforme. Cette arrestation sent la censure politique, même si le président français s'en défend !)

Donc avec cet exemple et celui de *Libra*, la monnaie de Facebook, on voit que le lobby des banques est toujours assez puissant pour empêcher l'émergence d'une monnaie intégrée dans une app de messagerie populaire.

2020

La pandémie du covid-19 remet en cause certains fondements économiques. Les USA expérimentent l'Helicopter money. La FED distribue de la monnaie directement aux gens.

L'Espagne annonce la mise en place d'un Revenu de Base Inconditionnel et le pape s'est aussi dit favorable à cette mesure lors de sa lettre de Pâques.

2020

La fin du franc CFA est signée à Paris. La Banque Centrale de États de l'Afrique de l'Ouest (BCEAO) ne sera plus obligée de déposer la moitié de ses réserves de change auprès du trésor français.

Le ministre des Finances français et le gouverneur de la Banque de France ne participeront plus aux réunions de la BCEAO. Le plan initial prévoit de changer le nom du CFA pour "eco". Mais rien n'est fait.

Septembre 2020

Le canton suisse de Zoug, la Crypto-Valley qui héberge, notamment, le siège de Ethereum, annonce qu'il sera possible de payer ses impôts en Bitcoin ou Ether.

21 Octobre 2020

Depuis 2014, la banque centrale chinoise travaille sur un projet de Monnaie Numérique de Banque Centrale.

Le 21 octobre 2020, dans la ville de Shenzhen la Chine réalise un test grandeur nature de cette monnaie numérique sous forme d'une loterie où les participants gagnent 200 yuan à dépenser chez le détaillant JD.com.

Janvier 2021

Nouvelle étape pour le Yuan numérique. La banque agricole de Chine a mis en place des distributeurs de Yuan numériques qui permettent de faire des retraits et des dépôts. **La banque centrale a ainsi distribué 20 millions de yuan numériques** par ce canal. Ils peuvent se dépenser dans 11 000 commerces à Shenzhen.

Mai 2021

L'association *Diem* — anciennement *Libra*, la cryptomonnaie de Facebook — quitte Genève pour la Californie. Et retire sa demande de licence de système de paiement à l'autorité de surveillance des banques en Suisse (FINMA).

Cette décision est justifiée par un partenariat avec la banque Californienne *Silvergate*.

Donc après un lancement en fanfare, en 2 ans le projet a perdu ses partenaires – l*es principaux organismes de paiement, visa, Mastercard, PayPal, Stripe* – son nom de *Libra* à *Diem*, quitte la place financière centrale de suisse pour devenir un fond de spéculation californien comme tant d'autres cryptomonnaies.

Le pouvoir des banques semble encore résister au pouvoir des géants de l'information.

Été 2021

La Banque de France, la Banque Nationale Suisse et la Banque des règlements internationaux, effectuent l'expérience *ProjetJura*, pour expérimenter une MNBC, une Monnaie Numérique de Banque Centrale. Il s'agit de la technique blockchain adaptée au réseau interbancaire.

Donc les banques centrales adoptent les techniques de registres distribués entre elles.

7 septembre 2021

Le Bitcoin devient une monnaie *ayant cours légal*, au Salvador. Voici le tweet du président Salvadorien Nayib Bukele. Le cours légal fait que le bitcoin doit obligatoirement être accepté si une personne désire rembourser une dette avec ce moyen de paiement.

3 minutos para hacer historia. (In 3 minutes, we make history).#BitcoinDay #BTC

— Nayib Bukele (@nayibbukele) September 7, 2021

Les institutions financières mondiales et une bonne partie du peuple reste sceptiques voir opposé à cette mesure.

Le jour de l'acceptation du cours légal. Le cours du bitcoin a chuté et perdu ~10 % de sa valeur, ce qui a amené de l'eau au moulin des opposants, mais quelques semaines plus tard, le bitcoin a atteint son plus haut cours historique, le 20 octobre en passant les 66 666 $, avant de chuter à nouveau, et remonter à nouveau en dépassant les 100 000$ puis chute à nouveau…

La suite de l'histoire nous montrera comment tout ça évolue.

6 janvier 2022

Le géant de l'information chinois, Tencent, annonce que l**a Monnaie Numérique de Banque Centrale chinoise est disponible sur l'application de messagerie WeChat.** Il suffit de s'identifier via l'app e-CNY de la banque du peuple Chinoise.

Cette implémentation vise à faire la promotion du Yuan numérique durant les Jeux olympiques qui s'ouvrent 3 semaines plus tard.

WeChat est l'application de messagerie la plus utilisée en Chine et comporte déjà WeChat pay, un module de paiement qui est très largement utilisé par la population chinoise pour effectuer ses paiements.

Ainsi plus d'un milliard de Chinois ont déjà accès à une Monnaie Numérique de Banque centrale dans une simple application de messagerie. Pendant ce temps les banques centrales européennes réalisent des tests de MNBC et les banques occidentales ont torpillé les projets des GAFAM de créer des moyens de paiement dans les applications de messageries.

Janvier 2022

Dans le cadre du projetHelvetia, la **Banque Nationale Suisse expérimente encore une fois la Monnaie Numérique de Banque Centrale.** Cette fois conjointement avec de grandes banques internationales et des transactions en Asie. Les banques centrales sont mures pour l'adoption de registres distribués.

Techniquement les banques centrales s'orientent sur la solution nommée Corda. C'est un gestionnaire de registres distribués (DLT) — une généralisation du concept de Blockchain — développé par l'entreprise R3.

R3 a été créé en 2014, puis supporté par un consortium de banques, telles que Barclays, Société Générale ou Deutsche Bank.

Corda a une version Open Source. Ce système reprend des innovations venant du monde des cryptomonnaies, corrige des problèmes, augmente les possibilités à grande échelle, et ajoute tout ce qui provient de l'héritage du fonctionnement classique de la banque.

Ainsi le système interbancaire Suisse, SIC se voit ajouter une couche nommée SDX, Six Digital Exchange qui effectue des **transactions financières à l'aide d'un jeton SDX**. Ce jeton est un *stable coin* libellé en franc suisse CHF. Pour l'utiliser, il doit être préalablement acheté en monnaie banque centrale.

Il existe une autre variante, basée sur la création d'une MNBC de gros. Un nouveau type de monnaie banque centrale. Mais cette version pose des problèmes d'arbitrage à postériori.

Les tests continuent pour évaluer les conséquences de l'utilisation de ces solutions.

8 février 2022

La banque centrale russe fait volteface à propos des cryptomonnaies. Alors que **fin janvier, elle avait décidé d'interdire les cryptomonnaies en Russie**. En début février le gouvernement et la banque centrale se sont mis d'accord sur **une loi qui considère les cryptomonnaies comme des monnaies étrangères**.

Rétrospectivement, à la vue du calendrier, on peut se poser la question si ce changement d'avis n'est pas lié à l'anticipation des effets des sanctions contre la Russie, suite à son offensive militaire contre l'Ukraine débutée le 24 février.

Les cryptomonnaies sont un excellent moyen de contourner le système bancaire international. À méditer.

15 mars 2022

L'Arabie saoudite envisage d'accepter de se faire payer en Yuan pour le pétrole qu'elle exporte en Chine. Après la décision de l'Iran depuis 2016 d'accepter de se faire payer en Euro pour ses exportations de pétrole, on peut considérer que **la fin du *pétrodollar*** comme outil de domination du monde par les USA est actée.

Billets de banque des USA et de la Chine

23 mars 2022

Le président russe, Vladimir Poutine, oblige les pays européens à acheter le gaz russe en rouble. Il répond ainsi aux
sanctions contre son pays à la suite de l'offensive militaire
contre l'Ukraine.

Dans les sanctions il y a un gel de 300 milliards d'euro et
dollars. La Russie ne livrant pas son gaz gratuitement, elle
s'assure d'avoir le paiement dans une monnaie qu'elle mai-
trise. Après le pétrodollar, on voit donc émerger le *gazo-
rouble*. Pour comprendre le poids de la décision, 40 % du
gaz consommé en Europe vient de Russie.

Cette stratégie semble avoir fonctionné. Les sanctions
avaient fait chuter le pouvoir d'achat du rouble de 20 % et
l'obligation de payer le gaz en rouble a fait remonter le
cours d'autant.

Avril 2022

Le réseau *Lightning* permettant d'accélérer les transactions
en Bitcoin s'étend et devient mature. Ce qui permet à des
enseignes comme **Starbucks, McDonalds et Walmart de
permettre le paiement en bitcoin dans 400 000 enseignes.**

27 avril 2022

Après le Salvador, la République centrafricaine adopte le bitcoin comme monnaie ayant cours légal.

11 novembre 2022

Entre le 9 et le 11 novembre 2022, le cours du Bitcoin s'effondre de 20k$ à 15k$. C'est le reflet et l'amplification de la faillite de la place de marché de cryptomonnaies, FTX.

Mars 2023

La faillite du groupe FTX, provoque en cascade la **liquidation de la Silvergate Bank** le **8 mars 2023**. Cette banque avait beaucoup de clients actifs dans le même domaine de la cryptomonnaie. (Libra par exemple !)

Le même jour, la Silicon Valley Bank, annonce une recapitalisation et une ouverture de lignes de crédit pour palier a des difficultés. Mauvaise date, le contexte est tel, que plusieurs cadres de fonds de capital risque conseillent de quitter SVB. (Par exemple Peter Thiel le cofondateur de PayPal et son Founders Fund)

La **Silicon Valley Bank subit une panique bancaire**. Elle doit sortir 42 $ milliards dans la journée du **9 mars. Le 10 mars les autorités ferment la banque** en provoquant un vent de panique sur Wall Street.

Une des causes de la faillite est le manque de diversification de ses clients et l'autre la remontée des taux de la FED qui ont provoqué une inversion des valeurs. Mieux valait acheter des titres à la FED que chez les banques commerciales. Beaucoup de banques ont accusé des pertes avec ce mécanisme et la SVB l'a très mal gérée.

La Silicon Valley Bank était la 16ème plus grosse banque des USA, surtout active dans le financement de startup de la Silicon Valley. C'est la 2ème plus grosse panique bancaire de l'histoire des USA et la première depuis la crise de 2008.

Le 15 mars, de l'autre côté de l'Atlantique, c'est **le Crédit suisse qui voit sa cotation s'effondrer d'un quart de sa valeur** dans la journée, une contagion.

La Banque National suisse propose des crédits pour CHF 50 milliards.

Vendredi soir **17 mars** le Financial Times annonçait un potentiel rachat de Credit Suisse par UBS. Durant le weekend des négociations se font. Le dimanche soir le conseil fédéral communique et annonce le **mariage forcé des deux plus grandes banques suisses.**

Le lundi matin 20 mars, l'action finit de s'effondrer en passant sous la barre de 1 CHF.

Le **12 juin**, UBS a officiellement acquis Credit Suisse.

Le mois de mars 2023 nous montre comment en 10 jours des faillites bancaires peuvent se propager.

Janvier 2024

Le Venezuela abandonne sa cryptomonnaie d'état, le Petro.

La plateforme d'utilisation du Petro, baptisée Patria, ferme ses portes. Les comptes en Petro sont liquidés en Bolivar.

Les raisons de cet échec sont dues à la faible adoption de cette monnaie, des pannes techniques récurrentes et une corruption facilitée par cette cryptomonnaie. Ce qui a été révélé par un scandale de corruption de dirigeants du géant pétrolier public Petroleos de Venezuela (PDVSA).

24 juillet 2024

En pleine campagne pour la présidence des USA, **Donald Trump fait un changement de bord total. Il se présente comme le champion du Bitcoin**, alors qu'en 2019, dans un tweet, il se disait pas trop fan de du bitcoin basé sur du vent et facilitant le trafic de drogue !

I am not a fan of Bitcoin and other Cryptocurrencies, which are not money, and whose value is highly volatile and based on thin air. Unregulated Crypto Assets can facilitate unlawful behavior, including drug trade and other illegal activity….

— Donald J. Trump (@realDonaldTrump) July 12, 2019

Lors de la Nashville Bitcoin Conference, Donald Trump a fait une série de promesses, déclarant qu'en tant que président :

- il signerait un ordre exécutif pour que les États-Unis achètent 550 bitcoins par jour afin de constituer une réserve de 4 millions de BTC
- il rendrait tous les transferts entre les dollars et les bitcoins non déclarables et non imposables
- il ordonnerait le transfert de 200 000 bitcoins au Trésor américain pour qu'ils soient conservés en tant qu'actifs stratégiques.

30 juillet 2024

La Douma russe adopte une nouvelle loi pour légaliser les activités autour du minage de cryptomonnaie et surtout du Bitcoin. Il est néanmoins nécessaire de s'enregistrer dans un registre d'état si l'on dépasse un certain seul de consommation d'énergie. C'est l'adoption du texte proposé en 2022.

Cette loi donne un cadre légal à l'utilisation grandissante du Bitcoin, surtout comme moyen de paiement international depuis que la Russie est sous sanctions à la suite de la guerre en Ukraine.

Le gouvernement russe encourage même les entreprises à utiliser le Bitcoin à l'international. En revanche sur le marché intérieur le bitcoin est limité, notamment car **la Russie est en train de mettre en place sa Monnaie Numérique de Banque Centrale prévue pour 2025.**

Décembre 2024

Le 5 décembre 2024, le **Bitcoin** atteint la cote symbolique de **100 000 $**

C'est probablement dû au fait que le président élu Donald Trump a annoncé la nomination de Paul Atkins à la tête de la SEC en remplacement de l'anticryptomonnaie Gary Gensler.

Mars 2025

À la suite de négociations terminées le 14 décembre 2024 entre le FMI et le gouvernement du Salvador, un accord a été trouvé dans le cadre de l'Extended Fund Facility (EFF). **Le Salvador va participer à un programme de 40 mois qui lui permet d'emprunter 1,4 milliard de dollars auprès du FMI**, ainsi que 2,1 milliards de dollars supplémentaires provenant de la Banque mondiale et d'autres institutions régionales.

La contrepartie de cet accord va à l'encontre de la politique liée au Bitcoin menée sous la présidence de Nayib Bukele depuis 2021.

L'accord stipule que **les impôts devront obligatoirement être payés en dollars** US, que **les achats de Bitcoin par le gouvernement seront interdits** durant la durée du programme. De plus, la participation du public au portemonnaie électronique cryptographique (Chivo) sera progressivement supprimée.

Pour rappel, le FMI a perdu sa raison d'être de facto en 1971 (et officiellement en 1976) lors de la fin des accords de Bretton Woods. Il avait été créé pour surveiller le taux de change des devises nationales par rapport à l'étalon or. Il devait veiller à ce que les pays fixent un taux de change en rapport avec leur balance de paiement.

À la suite de la perte de sa raison d'être **le FMI s'est trouvé une nouvelle mission qui concrètement se traduit par être le prêteur en dernier recours.**

Le FMI octroie des crédits à des États en difficulté **en échange de modification de gouvernance et de mise sur le marché libre de ressources qui ne l'étaient pas.**

Le documentaire argentin *Mémoire d'un saccage* sorti en 2003, montre comment l'Argentine, élève modèle du FMI a libéralisé toutes ses ressources, livrant notamment son gaz à des banques internationales. Le pays s'est enfoncé dans les problèmes économiques jusqu'à ce que le ministre des Finances décide d'appliquer un programme politique contraire aux recommandations du FMI.

Ainsi on comprend que **le FMI est un instrument politique de domination qui vise à utiliser le levier de la dette pour accéder à des ressources qui ne sont pas normalement sur le marché.**

On verra si la situation du Salvador s'améliore ou se dégrade avec ce crédit du FMI.

En tout cas il me semble bien que l'on ait ici — encore une fois — **un exemple de l'astuce de Crésus**, soit d'obliger l'autre à payer des impôts dans une monnaie qu'il ne crée pas lui-même.

Comme quoi, en 2700 ans, les mécanismes monétaires sont toujours les mêmes. Rien de nouveau sous le soleil.

À la lumière de ce livre, j'espère avoir contribué à mettre en lumière ces mécanismes et ainsi pouvoir en prendre conscience. Ce qui permettra de vraiment choisir si l'on veut continuer à utiliser, ou non l'astuce de Crésus.

« ☥ »

Annexes

Sources et références

C'est bien joli tout ce que tu nous racontes, mais quelles sont tes sources ?

En effet, tu as raison. Il est important de citer ces sources et également de croiser les sources pour vérifier une information.

Au lieu d'alourdir ce livre de nombreuses notes de bas de page, j'ai fait le choix de te proposer une version web de ce livre. Le web a l'avantage de disposer du lien hypertexte.

Ainsi tu peux facilement retrouver le passage dont tu veux vérifier la source et cliquer sur les liens qui te permettront de suivre l'origine de ce qui m'a fait écrire ce que j'ai écrit.

J'agis ainsi en toute bonne foi et en transparence dans ma quête visant à étudier l'histoire sous l'angle des systèmes économiques.

https://martouf.ch/2020/04/dossier-histoire-de-la-monnaie-et-des-systemes-economiques/

Pour aller plus loin

Comme mentionné plus haut, ce livre se focalise sur la partie factuelle de l'histoire de la monnaie et des systèmes économiques. Le côté « pile » de la pièce de monnaie.

Le côté « face » l'interprétation, la partie subjective est à venir dans un livre suivant.

Cependant, tout est déjà disponible en version web, tu peux aller lire ceci à l'adresse :

https://martouf.ch/2020/04/dossier-histoire-de-la-monnaie-et-des-systemes-economiques/

N'hésite pas à me laisser tes remarques et questionnements en commentaire de la page.

De plus, *l'Astuce de Crésus* est aussi disponible sous forme de vidéos dans une playlist YouTube.

Au lieu de lire la chronologie, je la raconte, dans des épisodes d'une durée de 1 h à 2 h. J'y ajoute des anecdotes et je réponds aux questions des personnes présentes dans la diffusion en direct.

Voici le lien YouTube de la playlist sur ma chaine qui se nomme : « Martouf le synthéticien »

https://youtube.com/playlist?list=PLi12He4GCPukrHt_A86CEBDnQS-EYr6k0&si=f3BKYEjuksi2S-gU

Si comme moi tu aimes écouter des podcasts lors de tes déplacements à vélo où lorsque tu fais la vaisselle, tu n'as pas besoin de l'image des vidéos, seul le son suffit.

Voici les fichiers mp3 des épisodes vidéos de l'Astuce de Crésus :

https://kdrive.infomaniak.com/app/share/357233/09782bc3-728b-4d07-839f-804927363d59

Glossaire

Ne dites plus "planche à billets", mais "clavier à crédits"

Qu'est-ce que la "Monnaie" ?

Le mot "*Monnaie*" est souvent celui qui est utilisé dans le langage courant, en premier, sans réfléchir pour évoquer le domaine des "*systèmes économiques*", avec un mot direct et simple. (*Ça va nous arriver aussi !*)

Cependant quand on connait "*L'histoire de la monnaie*", on remarque que **la monnaie n'est qu'un cas particulier de système économique**. Ainsi ne parler que de "*monnaie*" est déjà un parti pris, une limitation du champ des possibles.

L'origine du mot "*monnaie*" vient de l'atelier de frappe de monnaie qui a été créé à côté du temple de la déesse **Junon Moneta** sur la colline du Capitole à Rome en -269 avant. J.-C.

Le mot monnaie est donc intrinsèquement lié à l'idée de "*frappe de pièce de monnaie métallique*".

Ainsi pour clarifier, **dans ce document, nous allons utiliser le mot "*monnaie*" dans le sens d'un "*système de Jeton de valeur*". Soit la croyance qu'un chiffre a de la valeur, ceci peu importe son support.**

Donc un système de comptabilité mutuelle (*comme chez les Sumérien*s), un bâton de comptage, un SEL, ne sont pas une monnaie. (*Attention, la souche du bâton de comptage peut vite devenir une "monnaie" si elle se met à circuler…*)

Un caillou, une pièce de monnaie métallique, un bitcoin, un gobelet ecocup sont une monnaie.

Là où ça se corse, c'est quand les concepts se mélangent. Comme dans le système monétaire bancaire, majoritaire actuellement.

Nous allons considérer qu'une reconnaissance de dette comptabilisée sous forme de chiffre sur un compte en banque, ou une reconnaissance de dette titrisée par une banque centrale sous forme de billet de banque est une monnaie.

C'est confus et obscur ?

Ne vous en faites pas. Le but de ce document est justement d'éclairer tout ça.

Glossaire autour de la "monnaie"

Nous avons défini ce que l'on associe au mot de "*Monnaie*", mais il reste de nombreux mots spécifiques au jargon des systèmes économiques qui méritent une petite explication.

Argent

→ Métal de numéro atomique 47. Très souvent utilisé pour créer des pièces de monnaie. Dans ce document, le mot "*argent*" désigne la matérialisation du concept de "*donner et recevoir*", de "*transfert économique*" entre humains.

C'est une notion propre aux valeurs et croyances de chacun. Alors que le terme de "monnaie" désigne un concept technique précis.

Banque commerciale

→ Une entreprise qui a une licence bancaire qui l'autorise à créer de la monnaie sous forme de crédit bancaire.

En Suisse, à ne pas confondre la banque commerciale avec la **Banque Privée** qui est un indépendant de la banque. Il ne fait pas de crédit, mais des prêts de sa propre fortune. Il n'en reste plus que 5 banques privées en Suisse.

La confusion est souvent faite, car la banque commerciale est une banque de droit privé, une banque privée, par opposition à une banque publique. Mais il existe aussi des banques commerciales en main publique ! (Comme les banques cantonales)

Crédit bancaire

→ Un *crédit* est l'opération qu'une *banque commerciale* effectue pour ajouter de la *monnaie* sur le compte d'un de ses clients. En contrepartie, ce dernier, le *débiteur* (emprunteur) s'engage à rembourser le *crédit*, soit à verser plus tard à la banque commerciale le même montant qu'on lui a mis à disposition *ex nihilo*, ainsi que des *intérêts* en sus qui rémunèreront le banquier.

Crédit Mutuel

→ Aussi appelé : *Crédit mutualisé*. C'est un système de comptabilité compensatoire entre des individus, pratiqué dans beaucoup de SEL ou entre entreprises. Le WIR est souvent mentionné comme un crédit mutuel. C'était le cas à l'origine et ça l'est de moins en moins.

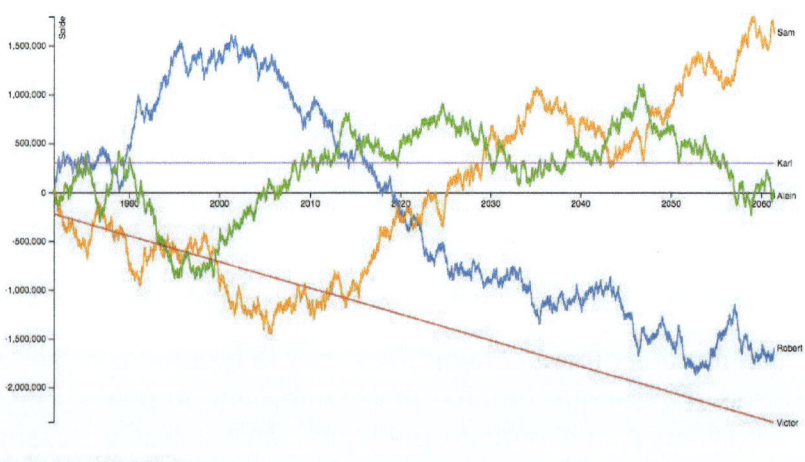

Génération de transactions aléatoires.

Chaque jour 3 transactions sont effectuées entre 3 acteurs (dans le sens choisi aléatoirement et d'un montant entre 0 et 10 000).

Dette

→ Vient du mot latin : *debeo* qui signifie "devoir". C'est un devoir envers quelqu'un. Sur le plan philosophique, c'est un engagement moral à compenser ce qui a déjà été offert. Mais plus couramment, c'est un devoir de payer. C'est une obligation juridique définie dans un contrat.

Échange économique

→ Deux "*transferts économiques*" symétriques.

Économie

→ Domaine de la vie en société (*dans des communautés d'humains*) qui vise à organiser des règles, des droits et des devoirs pour gérer les ressources à disposition afin de satisfaire des besoins et d'assouvir des désirs. Étymologiquement le mot : "éco-nomie" signifie "règles de la maison, de l'environnement". C'est un système de "gouvernance" de décision.

Monnaie

→ Cas particulier d'un système économique qui donne de la valeur à des chiffres, des unités de compte. Aussi synonyme de "*moyen de paiement*" bien que ce n'est qu'un cas particulier de moyen de paiement. "LA" monnaie n'existe pas. Il y a de nombreux types de "moyens de paiement" qui sont créés de différentes manières et qui n'ont pas le même statut légal.

Monnaie ayant cours légal

→ C'est la monnaie *officielle,* que l'on est obligé d'accepter comme moyen de paiement (*techniquement on dit "pour libérer une dette"*). Toutes les *monnaies* ne sont pas des *moyens de paiement ayant cours légal.* En France, les pièces et les billets ont cours légal. Pas le reste.

En Suisse, La LUMMP, la Loi sur l'Unité Monétaire et les Moyens de Paiement dit que les moyens de paiements légaux en Suisse sont : les pièces de monnaie, les billets de banque de la BNS et les comptes à vue de la BNS. La *monnaie scripturale* des *banques commerciales* n'est pas un moyen de paiement ayant cours légal. C'est une monnaie privée. Ces monnaies scripturales sont appelées *substituts monétaires* par le Conseil fédéral.

Monnaie fiduciaire

→ Le mot "*fiduciaire*" vient du latin "*fiducia*", la confiance. Une monnaie fiduciaire est une monnaie de confiance. Mais confiance en quoi ? "La confiance" est le maitre mot dans tout système économique ! Mais là on parle surtout de pièce et de billet, et de la confiance que l'autorité qui les a émit garantit la valeur indiquée. Valeur qui vaut plus que le support. (*métal ou papier*) En général, c'est celui qui est sur la face de la pièce qui paie en dernier recours. On y trouve des profils ou des marques de souverain ou des figures allégoriques des états, comme Marianne ou Dame Helvetia.

→ Les amateurs de cryptomonnaie utilisent souvent le terme "*Fiat money*" pour parler de monnaie fiduciaire, bien que ce soit à peine différent. La monnaie fiduciaire peut être en partie adossée sur une valeur concrète, comme de l'or ou des biens. Mais la "*Fiat money*" est totalement découplée d'une couverture. C'est de la confiance pure. Le terme "fiat" est du latin qui signifie "qu'il soit…" donc pure création à partir de rien.

Monnaie fondante

→ Monnaie dont la valeur diminue avec le temps.

Monnaie locale complémentaire

→ Souvent abrégée MLC. (*ou MLCC si elle est Citoyenne*) Une MLC est généralement une « *monnaie* » qui est créée localement par des personnes qui veulent dynamiser l'économie locale et/ou favoriser les commerces qui correspondent à une charte éthique. La plupart des *monnaies locales complémentaires* sont **nanties** et très souvent à parité avec la *monnaie ayant cours légal*. (*Ex : Gonette, Léman, Doume, Eusko, abeille, sol, etc…*)

Monnaie pleine

→ C'est la *monnaie qui a cours légal* ou qui est couverte à 100 % par un *moyen de paiement ayant cours légal*. C'est le cas des billets de banque, des pièces de monnaie, des comptes à vue des banques centrales. Ce n'est pas le cas de la *monnaie scripturale* des *banques commerciales* qui n'est qu'une promesse couverte par un fond de garantie qu'à 2,5 % en Suisse. (*1 % dans l'UE, et parfois 0 % dans les pays anglo-saxon*s). Donc par opposition, une monnaie pleine n'est pas une promesse d'une monnaie, mais un jeton de valeur qui existe par lui-même. (*En Suisse en 2018, il y a eu une* initiative populaire fédérale appelée "monnaie pleine" pour demander la mise en place d'une monnaie pleine, créée sans dette par la BNS.)

Le concept connu sous le terme de "*100% money*" est également une "monnaie pleine". C'est une proposition de l'économiste Irving Fisher de 1935 qui vise à couvrir à 100 % la "monnaie scripturale" des banques commerciales par de la monnaie banque centrale.

Monnaie scripturale

→ *Monnaie* uniquement présente sous forme d'écriture. Actuellement, c'est environ 90 % de la monnaie en circulation. (*En Suisse la BNS dit que c'est 90 % de la monnaie libellée en francs suisses*).

La grande partie de la *monnaie scripturale* est constituée par les avoirs sur les comptes des clients de *banques commerciales*. Ces avoirs sont en fait des promesses scripturales des *banques commerciales* de donner des *moyens de paiements ayant cours légal.* Ce sont des *substituts monétaires.*

Au sens large, on utilise aussi le terme de "*monnaie scrip-turale*" pour la comptabilité comme celle des Sumériens sur tablette d'argile ou de carte à jouer au Canada.

Nantissement ou couverture

→ Nous utilisons le terme de *nantissement* ici surtout dans le cadre des *Monnaies Locales Complémentaires*. Une MLC est très souvent *nantie*. C'est-à-dire qu'elle est garantie, couverte, par une autre monnaie. Par exemple, 1 Léman = 1 euro.

Si je veux un Léman, je dois l'échanger contre un 1 euro. Donc pour chaque Léman, il existe un euro placé sur un compte en banque. (*Ce qui bride le la monnaie locale en ne lui permettant pas de faire de la création monétaire. De plus le placement bancaire augmente le pouvoir de crédit de la banque commerciale par le système des réserves fraction-naires.*)

Prêt (emprunt)

→ Un *prêt*, c'est le déplacement d'un bien, d'un endroit à un autre. Ainsi celui qui prête quelque chose à quelqu'un ne peut plus disposer de ce qu'il a prêté. À ne pas confondre avec le *crédit*!

(*Si je prête mon vélo, je ne peux plus l'utiliser... alors qu'une dette est un actif pour celui qui la détient... c'est un crédit!*)

Seigneuriage

→ Privilège de celui qui émet la monnaie. C'est par exemple, pour un seigneur féodal, la différence entre le cout de création d'une pièce de monnaie et l'avantage qu'il en retire en pouvant "acheter gratuitement" des biens et services sur le marché.

Substitut monétaire

→ C'est ainsi que le conseil fédéral suisse appelle les *monnaies* qui ne sont pas de la *monnaie ayant cours légal.* Soit à peu près 90 % de la monnaie utilisée en Suisse libellée en CHF. C'est principalement la *monnaie scripturale* des *banques commerciales.* L'expression *substitut monétaire* apparait dans l'interpellation 12.3305. À laquelle le conseil fédéral répond « *La croissance des substituts monétaires est laissée à la libre appréciation des marchés, conformément à la conception du secteur privé ancrée dans la Constitution.* »

En bref : créer une *monnaie* est une entreprise comme une autre.

Système d'Enregistrement des Transferts Économiques : SETE

→ Un système de mémorisation et de reconnaissance des transferts économiques qui ont lieu dans une communauté d'humains. Ceci dans le but de réduire la peur, d'augmenter la confiance que si je fournis un transfert à la communauté, je pourrais obtenir, plus tard, un droit de tirage sur les biens et ressources de la communauté. (*revenir à l'équilibre*)

Thésauriser

→ C'est conserver, accumuler de la monnaie et ne pas l'utiliser. Conserver des chiffres sans les investir. (*En espérant garder le même pouvoir d'achat dans le temps, ou l'augmenter*)

Titriser

→ L'action de transformer une dette en titre négociable, en *moyen de paiement*. Une dette a de la valeur si l'on croit que le *débiteur* va la rembourser. Les banques centrales "titrisent" des dettes d'État (*bon du Trésor*) en chèques au porteur que l'on appelle des "*billets de banque*".

La finance utilise beaucoup le principe de titrisation. Les produits dérivés sont des titres qui représentent un "sous-jacents".

Le danger de la titrisation est de tellement découpler le produit financier du produit réel sous-jacent qu'il devient impossible d'évaluer la qualité réelle du produit. C'est ainsi que lors de *crise des Subprimes,* une énorme quantité de produits financiers basés sur des hypothèques ont perdu d'un coup leur valeur quand on a découvert que beaucoup d'hypothèques avaient été octroyées à des NINJA des gens qui n'ont ni emploi, ni revenu, ni actifs et sont donc dans l'impossibilité de rembourser leur crédit.

C'est la création de paquets opaques composés de petites tranches de crédits diversifiés et notés (*frauduleusement*?) fiables par les agences de notation qui a masqué de nombreux actifs pourris aux yeux des acheteurs.

Transfert économique

→ C'est la plus petite unité divisible (atome) d'un "*flux économique*". Un transfert économique est défini par :

- Qui exporte (fournit)
- Qui importe (reçoit)
- Ce qui est transféré
- Libellé, donnée complémentaire de description
- La valeur (*juste un nombre... pas le jugement*)
- Le référentiel dans lequel est exprimée la valeur. (*Origine, sens et échelle*)

Troc

→ Le troc est un *échange* direct et utile (*au même instant*) entre deux parties. C'est l'échange d'un bien contre un autre.

Nous avons ici une définition stricte pour bien différentier le troc d'autres systèmes économiques. Si le troc ne se fait pas dans le même instant, ce n'est plus du troc. Si l'on commence à différer les échanges dans le temps, on est plutôt dans un système de « *don dans une communauté de confiance* ».

Les livres d'économie ont tendance à dire "*Tout commence avec le troc, puis la monnaie a été inventée*". On appelle ça la "**fable du troc**".

Cependant le *troc* n'a jamais "fait système", il n'a jamais été le moyen d'échange régulier au sein d'une communauté constituée. Il a toujours été marginal, utilisé lors de périodes chaotiques d'économie de guerre ou de crises économiques brutales. (fermeture des banques)

L'Astuce de Crésus

Je termine ici le glossaire avec l'expression *L'Astuce de Crésus* que j'ai utilisé dans cet ouvrage pour désigner le fait d'imposer l'utilisation d'une forme de monnaie par l'impôt.

C'est un point important à comprendre. La monnaie n'est pas souvent adoptée d'elle-même par une population, mais très souvent imposée de l'extérieur par un seigneur qui veut profiter de son pouvoir de *seigneuriage*. (Le seigneur féodal a largement disparu, mais pas le *seigneuriage*.)

C'est la capacité pour le seigneur de pouvoir « acheter gratuitement » tout ce qu'il veut grâce à la monnaie qu'il est le seul à pouvoir créer. C'est la capacité de pouvoir vivre sur le dos des autres en créant la chose la plus facile à faire : des chiffres.

La levée de l'impôt est elle-même garantie par la force, par le soldat qui reçoit une solde, soit la monnaie du seigneur.

Remerciements

Merci à Bernard Dugas pour m'avoir fait découvrir le Jeu de la Monnaie et le Système Monétaire Équilibré, mais également pour nos nombreux échanges et discussions, entre autres à propos des référentiels de comptabilité ou comment voir que sous un autre angle, l'intérêt d'un crédit bancaire est en fait un Revenu de Base Inconditionnel.

Merci à Gérard Foucher pour nos discussions à propos du don, le système économique le plus simple, le plus naturel et le plus efficace. Le don est système que l'on comprend bien mieux quand on pratique la permaculture.

Merci à Etienne Chouard pour la relecture de la première mouture de ma chronologie de l'histoire de la monnaie et des systèmes économiques, mais surtout pour nos discussions à propos du lien entre monnaie et pouvoir.

Merci à Cédric et Johnny mes compères dans l'amélioration perpétuelle de l'animation du jeu de la monnaie.

Merci à Pierre Coussy pour ses conseils à propos de l'édition.

Merci, évidemment, à ma famille pour le soutien dans ce projet.

Merci à toutes les personnes que j'ai oubliées.

Merci à la ViE.

Pour soutenir notre travail sur la monnaie

Voici l'adresse d'un porte-monnaie Bitcoin pour nous faire des dons afin de nous soutenir pour aider à l'éveil de conscience autour du sujet de la monnaie et des systèmes économiques.

18bBgQzPaM5ENwMtPz85ajKcjQbMq4VTBF